애니 앳킨스 컬렉션

《그랜드 부다페스트 호텔》 디자이너의 영화 & 드라마 소품 디자인

애니 앳킨스 지음
ANNIE ATKINS

이미숙 옮김

SIGONGART

FAKE LOVE LETTERS, FORGED TELEGRAMS, AND PRISON ESCAPE MAPS by Annie Atkins

Original title: Fake Love Letters, Forged Telegrams, and Prison Escape Maps © 2020 Phaidon Press Limited
Jacket and cover: Annie Atkins
Design: Julia Hasting

This Korean Translation Edition published by Sigongsa Co., Ltd. under licence from Phaidon Press Limited, of 2 Cooperage Yard, London E15 2QR, England. © 2020 Phaidon Press Limited.

일러두기
1. 옮긴이주는 *로 표시했다.
2. 외국 인명, 지명 등은 외래어표기법에 의해 표기하는 것을 원칙으로 했으나, 일부 명칭은 통용되는 방식에 따랐다.
3. 영화명, 신문 및 잡지명은 《 》, 도서명은 『 』로 표기했다.

시작하며 08

CHAPTER 1
------------------------ 20
세부 요소

CHAPTER 2
------------------------ 46
조사

CHAPTER 3
------------------------ 74
주브로브카 공화국

CHAPTER 4
------------------------ 106
콘티뉴이티

CHAPTER 5
------------------------ 126
언어

이미지 크레딧 198
감사의 말 206

CHAPTER 6
------------------------ 156
도구

친애하는 독자 여러분께

웨스 앤더슨 감독의 영화를 보는 일은 온몸으로 느끼는 경험입니다. 첫 장면을 보는 순간, 당신은 환상적이고 신비로우며 비현실적인 세계로 곧장 빠져들게 됩니다. 그럼에도 여전히 익숙한 사물, 색채, 감정에 둘러싸여 있지요.
이런 점에서 애니 앳킨스는 대가의 반열에 오른 예술가입니다. 앤더슨의 세심한 주목을 받으면서 초월적인 대상을 현실의 감성적 논리로 솜씨 좋게 풀어놓습니다. 그녀의 디자인은 비범함과 평범함을 아우르면서도 자신만의 느낌과 미학을 담고 있습니다. 비현실적인 것은 지극히 사실적으로 보이게 만들고, 실재하는 것은 더없이 생생하게 표현하여 '마법'처럼 보이게 합니다.

2019. 7. 10.
진심을 담아, 제프 골드브럼

JEFF GOLDBLUM

July 10, 2019.

Re: FAKE LOVE LETTERS, FORGED TELEGRAMS,
AND PRISON ESCAPE MAPS.

Dear Reader:

Watching a Wes Anderson movie is a
total-body experience. From the first
frame, you immediately enter a world ripe
with fantasia, mystique, and otherworldliness
yet still remain amid objects, the palette,
and feelings of the familiar.

Annie Atkins is a master craftswoman in
this regard. Under the knowing eye of Wes,
Annie coaxes the transcendental into a
meat-and-potatoes emotional logic. Her
designs encompass the extraordinary and
ordinary but with a feel and aesthetic
all her own. Annie makes the unreal seem
hyperreal, and the real more supremely
alive and utterly magical.

Sincerely,

Jeff

시작하며

'헤럴드herald.' 이는 행동을 촉발하는 메시지나 메신저로 일컬어지는 스토리텔링의 원형이다. 20세기 초반이 배경인 영화에서는 주인공이 종종 빠른 전보를 건네받는다. 몇 세기를 더 거슬러 올라가면 왕이 두루마리를 하사한다. 1980년대 로맨틱 코미디에서는 주인공이 종이봉투에 담긴 식료품을 잔뜩 안고 아파트에 들어가서는 전화 자동 응답기의 재생 버튼을 누른다. 헤럴드는 물건이 아니라 사람일 수도 있다. 《헝거게임The Hunger Games》에서는 에피 트링켓(판엠의 12구역 담당자 *)이 무대에서 열두 살 소녀 프림로즈가 목숨을 걸고 싸울 것이라고 발표한다. 《해리포터Harry Potter》에서는 수백 통의 편지가 벽난로 속을 날아다니며 해리포터에게 호그와트로 떠나야 한다고 알려 준다. 어떤 모습이건 헤럴드의 보편적인 역할은 주인공에게, 설사 그가 현실을 뒤엎고 싶은 마음이 없더라도, 머지않아 그의 삶이 완전히 바뀔 것임을 알리는 데 있다. 이것이 모든 드라마의 핵심이 아니던가! 현실에 안주한 사람의 이야기에 흥미를 느끼는 관객은 없다.

열에 아홉은 종잇조각이 헤럴드라고 주장할 수 있다. 전보, 신문 머리기사, 절박한 러브레터 등은 주인공으로 하여금 모험을 향한 부름에 답하도록 그를 낯선 세계로 초대한다. 이와 같은 종잇조각 만들기가 '영화 전문 그래픽 디자이너'라는 내 일의 주된 소득원이니 나로서는 이런 평에 마음이 기운다. 내가 속한 영화(드라마) 미술부에서는 '헤럴드'라는 단어를 쓰지 않는다(서술 장치는 시나리오 작가의 영역이다). 대신 '히어로hero'라고 부른다. 따라서 '히어로 소품hero prop'은 카메라의 예리한 눈을 통과해야 하는 소품으로, 자체가 등장인물이다. 이것이 일(정규직)이 될 수 있다는 나의 말에 선뜻 수긍하기 어려울지도 모른다. 하지만 몇몇 영화에서 빠뜨릴 수 없는 그래픽 소품을 언급하면, 이 일의 중요성을 확실하게 알 것이다. 리처드 도너 감독의 《구니스The Goonies》(1985)의 악동들은 '보물 지도'를 발견함으로써 집을 떠나 모험에 나설 수 있었다. 《찰리와 초콜릿 공장Charlie And The Chocolate Factory》에서 찰리는 '황금 티켓'을 찾고서야 비로소 초콜릿 공장에 가게 된다. 또 《라이언 일병 구하기Saving Private Ryan》에서 사무직원이 한 어머니에게 '세 통의 전사 통지서'를 발송해야 한다는 사실을 발견하지 못했다면 아무도 라이언 일병을 구하지 않았을 것이다.

犬反対
(Anti-Dog)

ANTI-DOG

犬ゼロの
㐂崎へ
(Citizens for a
Dog-Free Megasaki)

NO TO DOG

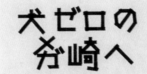

犬反対 NO DOGS

犬ゼロの
㐂崎へ
(Citizens for a
Dog-Free Megasaki)

犬反対
(Anti-Dog)

うんざり?
(Fed Up?)
ゴミ島条例
賛成
(Vote Yes to
Trash Island Decree)

反犬派の学生
(Students Against Dogs)

犬反対

(No to Dog)

영화 그래픽 소품에는 때때로 복잡하고 긴 디자인 과정이 요구된다. 《그랜드 부다페스트 호텔The Grand Budapest Hotel》에서 소년 벨보이 제로가 마담 D.의 죽음을 알려 주는 신문 머리기사를 읽을 때, 우리 팀은 그 전국 일간지를 통째로 만들어야 했다. 《개들의 섬Isle of Dogs》에서는 한 무리의 성난 군중을 무장시키기에 충분한 시위 깃발을 제작했는데, 접착테이프를 사용하여 일본 문자를 일일이 만들었다. 그래도 이런 소품 만들기가 가장 단순한 일이다. 어떤 종류든 문자가 들어가면, 스타일이 아무리 평범하거나 단어 수가 아무리 적어도, 대개 '그래픽'으로 여겨진다. 지금은 대표적인 신scene이 된 메리 해론 감독의 《아메리칸 싸이코American Psycho》(2000)의 명함 신은 디자인이 대화의 중심이 되는 흔치 않은 사례다. 영화의 등장인물들이 그래픽을 언급하는 일은 드물기 때문이다. 정신 신경증을 앓고 있는 주인공 패트릭은 "새로 뽑았어, 어때?"라고 말하며 중역 회의실의 탁자 위로 자신의 새 명함을 던진다. 그리고 거드름을 피우며 명함의 종이에 대해 말한다. "볼 줄 아는군. 실리안 레일Silian Rail이라는 레터링이지." 하지만 동료들의 스타일이 더 좋아 보이자 그의 평정심은 흔들리고 만다. 그가 목까지 메이며 동료들의 명함에 대해 보이는 반응은 기막힐 정도로 과장되어 있다. '환상적인 색에다 글자체도 두껍고. 이럴 수가! 무늬까지 있다니!' 실제로는 영화 미술부에서 제작한 이 명함들의 디자인은 관객들이 보기에 거의 차이가 없어서 더욱 실소를 자아낸다. 패트릭의 명함은 실제로는 가라몬드Garamond 서체가 사용되었으며, 실리안 레일은 원작 소설가인 브렛 이스턴 엘리스가 만든 가상의 서체다.

페니 마샬 감독의 《빅Big》(1988)에서 열세 살 소년 조쉬는 키가 작아서 축제장의 롤러코스터를 타지 못한다. 우연히 소원을 들어주는 고풍스런 기계 졸타Zoltar를 발견한 그는 어른이 되고 싶다는 소원을 빈다. 졸타 속의 요정이 그르렁대며 눈을 번쩍이자 (조쉬조차 졸타의 플러그가 빠져 있었음을 알고 있음에도) 출구에서 인쇄된 작은 카드가 튀어나온다. 카드 앞면에는 "졸타의 예언!", 뒷면에는 "소원이 성취되었음"이라고 적혀 있다. 이후 어린 조쉬는 퇴장한다. 다음 장면에서 소년 조쉬의 모습은 하룻밤 사이에 서른 살 청년(톰 행크스)으로 바뀌고, 그의 삶은 상상을 초월할 만큼 완전히 달라진다. 이 카드가 바로 히어로 소품이다. 클로즈업한 카드에는 세심하게 기획한 카니발풍의 레터링이 보인다. 만약 모두 헬베티카Helvetica 서체의 대문자로 찍혀 있었다면 이만큼 섬뜩한 효과를 내지 못했을 것이다.

Your Wish is Granted

졸타의 카드 《빅》

이 카드는 내가 무척 좋아하는 성장 영화 《빅》에 등장한 대표적인 그래픽 소품이다. 30년 동안 이 영화의 세트 데코레이터 조지 드티타의 지하실에서 플라스틱 폴더에 담긴 채 온전한 상태로 보관되었다.

이런 사소하고 단순한 요소들이 영화에 절묘하게 어울릴 뿐만 아니라 실행마저 완벽해, 우연한 효과처럼 보일 수도 있다. 졸타는 축제장 어딘가에 존재했던 물건 같다. 혹시 영화 시나리오가 쓰이기 전에 이미 존재했던 게임 기계가 아니었을까? 천만의 말씀이다. 물론 영화 개봉 이후에는 축제에 단골로 등장하는 게임 기계가 되었지만. 《빅》의 세트 데코레이터 조지 드티타George DeTitta와 수잔 보드타이슨Susan Bode-Tyson에 따르면 졸타는 영화를 위한 특별 제작품으로, 《빅》의 미술감독 스피드 홉킨스Speed Hopkins가 설계하고 영화 소품 제작자 두 명이 맨해튼의 한 작업장에서 만들었다. 성인 한 사람이 들어갈 만큼 크게 설계하여 소품 담당자가 안에 숨어서 꼭두각시 인형처럼 요정의 얼굴 움직임을 조종했다고 한다. 그리고 조쉬의 소원이 성취되었을 때는 카드를 출구로 살짝 떨어뜨렸다. 이들의 연락처는 분실되었으나 안면 인식 기술을 이용하면 그들을 찾아낼 수 있을 것이다. 왜냐하면 소품 제작에 열성적이었던 담당자 두 명 중 한 사람의 얼굴을 본떠 졸타의 얼굴을 만들었기 때문이다. 안타깝게도 《빅》은 미국 무대 예술가 조합이 그래픽 디자이너의 역할을 인정하기 전인 1980년대에 제작된 영화라 엔딩 크레딧에 그래픽 디자이너가 없다.

가장 기본적인 의미에서 레터링이나 도안, 그림이 담겨 있으면 무엇이든 그래픽 소품에 속하고, 보통은 영화 미술부가 이 같은 소품들을 분담한다. 다른 업무와 그래픽 작업을 병행하는 수습 직원이나 미술 조감독이 있기도 하다. 미술부에 컴퓨터가 도입되기 전까지는 대개 수작업이었다. 건식 레터링 종이를 사무용 복사기로 복사해 크기를 키움으로써 전문적으로 인쇄된 소품이라는 느낌을 주었다. 일부 물품은 인쇄업체에 외주를 맡기거나 필요하면 부탁해서 빌릴 수 있었다. 뉴욕의 한 세트 데코레이터는 1990년대 말에는 주인공 집의 앞뜰에 놓일 '매물'이라는 표지판이 필요하면 지역 부동산 중개인에게 부탁해서 오후 반나절 동안 빌릴 수 있었다고 회상했다. 하지만 저작권이 강화되면서 제작사가 법적으로 소유한 원본 미술품을 생산할 수 있는 사람인 그래픽 디자이너의 역할이 반드시 필요해졌다.

물론 오늘날에도 영화에 실제 브랜드를 이용할 수 있지만 어떤 브랜드건 간에 복잡한 법적 승인 과정을 거쳐야 하므로 만드는 편이 훨씬 효율적이다. 또 제약도 적다. 반면에 실제 브랜드를 사용하면 실제 시간과 장소에 스토리를 담을 수 있다는 점에서 긍정적이고 창의적인 선택이 될 수 있다. 간접 광고와는 다르다. 간접 광고에서는 브랜드가 영화 제작에 비용을 지불하여 자사 제품이나 미술품을 등장시키므로 그들과 촬영 방식과 시기를 타협하거나 지시받을 수 있다. 얼마의 돈 때문에 스토리의 완성도가 떨어지거나 제작 과정이 엉망이 되는 일을 용납할 감독은 드물다. 만약 영화 세트 배경에서 어떤 브랜드가 눈에 띈다면 미술부에서 브랜드 정체성을 이용하라고 요청했기 때문일 수 있다. 실화를 바탕으로 쓴 각본이나 실화를 바탕으로 했다는 느낌을 주고 싶어서 보다 사실적인 세팅을 만들고자 의도한 것이다. 로버트 저메키스 감독의 《캐스트 어웨이Cast Away》(2000)에서 배송 서비스 회사 직원인 주인공은 자신이 타고 있던 화물 수송기가 남태평양에 추락하면서 무인도에 표류한다. 척 놀랜드라는 가상 인물의 이야기지만 실화 같은 분위기가 난다. 시나리오 작가 윌리엄 브로일리스 주니어가 사전 조사 기간 동안 무인도 체험을 했다는 소문이 떠돌았을 뿐만 아니라, 영화에 등장하는 모든 그래픽 디자인이 세계적인 배송 서비스 회사 페덱스와 연관되었다는 사실과도 무관하지 않다.

오늘날 거의 모든 영화나 텔레비전 시리즈에는 그래픽 디자이너가 적어도 한 명은 있다. 예산 규모와 영화 주제의 성격에 따라서 많게는 서너 명도 참여한다. 농장이 배경인 영화 세트는 뉴스 편집실이 배경인 시리즈보다 필요로 하는 그래픽이 적을 것이다. 우리 미술부는 항상 감독과 프로덕션 디자이너의 전반적인 비전에 초점을 맞춘다. 그러나 우리가 일상적으로 제작하는 결과물은 대개 관련 부서장을 위한 것이다. 이를테면 세트 데코레이터가 잡지 판매대에 놓는 잡지, 미술감독이 건물에 그린 매장 전면 간판, 소품 담당 디렉터가 배우들에게 나눠 주는 여권 등이다. 따라서 그래픽은 '장식 그래픽'(세트를 장식하는 그래픽), '건설 그래픽'(세트에 세워 넣는 그래픽), 혹은 '연기 그래픽'(배우가 취급하는 것으로, 대개 클로즈업에서 눈에 띄는 그래픽)으로 분류할 수 있다. 어떤 그래픽이 어떤 부서에 속하는지 구분이 명확하지 않을 수 있다. 벽지는 건설 예산에서 써야 하는가 아니면 세트 데코레이션 팀에서 지불해야 하는가? 이런 질문에 정답은 없다. 세트의 업무 흐름은 영화마다 다르다. 물론 영화 디자인에서 가장 중요한 두 사람은 언제나 프로덕션 디자이너와 세트 데코레이터로, 이 두 사람이 아카데미상을 수상한다.

그래픽부는 그래픽 소품을 실물처럼 만들기 위해 서체 전문가, 간판공, 제본가, 스크린 인쇄업자 등 다양한 장인의 도움을 받는다. 손 글씨 대신 디지털 폰트를 사용하지는 않는다. 그래서 간판 그림 대신 인쇄물을 사용하는 법은 거의 없다. 오래된 그래픽 기법과 양식을 연구하는 것이 디자인 과정의 큰 부분을 차지하며, 따라서 그래픽 디자이너는 준비 기간 동안 시나리오에 묘사된 시간과 공간에 몰입하며 많은 시간을 보낸다. 우리는 실제 물건을 바탕으로 모든 소품과 세트 도구를 준비한다. 심지어 영화 속의 가장 기상천외한 전제마저도 실존하는 무언가에 뿌리를 두고 있다. 이런 소품들은 출처를 알아채기 어려울 정도로 진화되지만 역사에서 얻은 참고 자료를 토대로 삼으면 사실적인 분위기를 더할 수 있다.

사실처럼 느껴지는 무언가를 만드는 것은 사실적인 무언가를 만드는 것과는 다르다. 가능한 한 실재하는 참고 자료에서 영감을 얻으려고 하지만 그렇다고 항상 사실주의에 사로잡히지는 않는다. 바랏 낼러리 감독의 《찰스 디킨스의 비밀 서재The Man Who Invented Christmas》(2017)의 홍보 영상에는 19세기 것으로 추정되는 신문을 읽는 찰스 디킨스가 등장하는데 이로 인해 온라인에서 작은 소동이 벌어졌다. 그 신문에는 전면에 큼지막한 머리기사가 실려 있었다. 역사학자들이 트위터에서 밝혔지만 시대상에 완전히 어긋나는 모습이었다. 19세기에 영국 신문의 전면에는 뉴스 기사가 아니라 항목별 광고가 실렸다. 20세기 중반까지도 《타임스Times》는 표지에 머리기사를 싣지 않았다. 역사학자들의 과거 묘사에 대한 불만은 이해할 만하나 영화 미술부의 작업을 너무 곧이곧대로 받아들이지 말아야 한다. 우리에게도 가끔은 약간의 예술적인 자유가 필요하다. 신문 안에 숨겨진 실제 뉴스 기사의 활자는 언제나 카메라가 중거리 촬영으로 담기에는 너무 작다. 중대한 머리기사가 시각적인 스토리텔링의 필수 요소인 경우도 있다. 전쟁 신을 촬영하는 데 수백만 달러를 쓸 것인가, 아니면 전쟁에 대한 뉴스 기사를 읽는 등장인물을 보여 줄 것인가? 머리기사는 관객에게 전후 상황을 알리는 빠르고 효과적인 방법이다. 그래픽 문제에 관해서라면 감독들은 십중팔구 역사적 정확성을 포기할 것이다. 우리는 19세기 편집 레이아웃에 관한 다큐멘터리를 제작하는 것이 아니라 스토리를 전한다.

그렇다고 그래픽 소품에서 역사적 정확성을 효과적으로 이용할 수 없다는 뜻은 아니다. ITV에서 제작한 영국 시대극 《다운튼 애비Downton Abbey》(2010)에서 당대의 가장 중대한 사건인 타이타닉 호의 침몰을 알리는 신문 소품은 전면 표지에 머리기사가 전혀 없는 1912년 4월 15일자 《타임스》의 정확한 복제품처럼 보인다. 시나리오 작가들은 뉴스를 천천히 노출시키면서 신문을 궤적에 짜 넣었고, 유쾌한 의미에서 특이하게도 귀족의 대저택에 배달되는 모든 신문을 하인이 다림질해야 했던 단상을 포함시켰다. 이와 같은 서사 구조를 통해 모든 지면의 낱장을 다림질하려고 신문을 펼친 하인 윌리엄은 우연히 신문에 눈길이 멈춘 다른 하인들에게 신문을 읽어 줄 수 있게 된다. 그 결과 하인들의 숙소에서부터 소문이 퍼지고 마침내 (귀족들이 머무는) 위층의 누군가가 소식을 듣게 된다. 영화 제작자들은 영국 신문 디자인 역사에 관한 이와 같은 흥미로운 사실을 접하고 이를 절묘하게 엮어 당시 생활과 현대 생활, 그리고 위층과 아래층 사이의 일상적인 차이를 매혹적으로 편집했다. 부엌 하녀 데이지가 우리를 대신해 이렇게 묻는다. "신문을 왜 다림질하는 건가요?" 그녀에게 돌아온 답은 다음과 같다. "잉크를 말리려는 거지. 멍청하긴. 우린 주인님 손이 너희들처럼 까매지기를 원치 않거든."

디자인의 토대로 삼을 참고 자료 찾기가 항상 가능하지는 않다. 세트 디자인의 실질적인 비유로 형사의 '사건 현황판'을 예로 들어 보자. 사건을 쫓는 형사는 오려 낸 신문 기사, 용의자 사진, 지역 지도를 포함하여 최근 사건의 모든 단서를 사무실 벽에 꽂아 놓는다. 이 모두는 핀과 붉은색 실 가닥으로 연결되어 있다. 현실에서도 경찰이 이런 방식으로 범죄를 해결할까? 십중팔구 현실은 이만큼 매력적이지 않다. 그러나 영화 그래픽 디자인에서 등장인물의 생각을 시각화하는 것은 가장 어려운 부분이라 이를 실행하는 과정에서 일정 수준의 창의성이 들어갈 수 있다. 가이 리치 감독의 《셜록홈즈: 그림자 게임Sherlock Holmes: A Game of Shadows》(2011)에서 옛 사무실로 돌아온 왓슨 박사는 홈즈가 신문 머리기사, 사진, 지도 같은 단서들로 방을 도배했다는 사실을 발견한다. 이때 붉은색 실은 벽은 물론이고 방 전체를 가로지르고 있다. 홈즈는 "내 거미줄이 마음에 드나?"라고 묻는다. 세트는 그의 정신 건강 상태를 시각적으로 여실히 보여 준다.

다년간 여러 영화의 미술부가 다양한 가공인물의 심리적 건강 상태를 훌륭하게 기록했다. 홈즈의 벽은 론 하워드 감독의 《뷰티풀 마인드A Beautiful Mind》(2001)에 등장하는 편집적 조현병 환자 존 내쉬의 벽과 쇼타임에서 제작한 드라마 《홈랜드Homeland》(2011)의 CIA 요원 캐리 매티슨의 사건 현황판을 떠올리게 한다. 《홈랜드》 첫 시즌 내내 캐리는 변절자로 의심받는 니콜라스 브로디 중사 사건의 자료를 사건 현황판에 수집한다. 캐리가 (조울증 치료약을 복용하지 않고 브로디와 은밀한 관계를 맺으며) 신경 쇠약 증세를 보임에 따라 온갖 군사 기밀 문서는 선홍색, 녹색, 빨간색, 보라색, 파란색으로 구분된 무지개 색 타임 라인을 구성하며 시각적으로 점점 혼란스러워진다. 이는 강박증 때문일까 아니면 단순히 천재 형사의 작업일 까? 관객의 추측은 CIA에서 캐리의 수사를 중단시키고 그녀의 모든 노력(그리고 《홈랜드》 그 래픽부의 노력)을 벽에서 치울 때 마침내 후자로 결론 난다. 느린 근접 카메라 패닝panning(동 체의 속도나 진행 방향에 맞추어 카메라를 이동시키면서 촬영하는 기법*)을 염두에 두고 매 번 매우 세심하게 디자인해야 하는 이 '미친 벽'을 만들려면 상당한 노력이 필요하다.

스탠리 큐브릭 감독의 《샤이닝The Shining》(1980)에서 주인공 잭 토랜스의 정신 건강은 영화 의 초기 신에서부터 의심스럽다. 그는 가족과 함께 폭설로 고립된 오버룩 호텔에 머물면서 도 소설을 마무리하려고 애쓴다. 하지만 아내 웬디가 버려진 그의 타자기 쪽으로 살며시 다 가가 잭의 원고가 온통 어처구니없는 지독한 광기로 가득하다는 사실을 발견하는 순간, 그 래픽 소품이 이 사실을 강조하기 위해 동원된다. 다양한 서체로 배열된 반복된 한 문장, "일 만 하고 놀지 않으면 우둔한 사람이 된다"가 마지막 결정타였다. 웬디가 헛소리를 멋들어지 게 타이핑한 수백 장의 종이를 넘길 때 이것이 미친 사람의 솜씨라는 사실에는 의문의 여지 가 없다.

큐브릭은 누가 그 500장을 타이핑했는지 언급하지 않았다. 혹자는 그가 프로그래밍이 가능 한 자신의 타자기에 자동으로 대사를 반복하도록 설정함으로써 혼자서 문제를 해결했다고 말한다. (그를 아는 사람들에 따르자면 큐브릭이라면 충분히 가능한 일이다.) 하지만 연속 장 면을 정지시켜 보면 타이핑의 변칙이 너무 다양하기 때문에 또 다른 소문이 더욱 그럴듯하 게 들린다. 제작사의 비서와 사무실의 몇몇 다른 타자수가 감독 대신 지면을 작성했다는 것 이다.

2004년 이후로 잭의 '소설'에 쓰인 지면을 포함해 큐브릭의 영화들에 등장한 미술품(대부분 큐브릭의 사망[1999년] 이후 그의 자택에서 발견되었다) 전시회가 전 세계에서 열리고 있다. (우리나라에서도 2015-2016년에 열렸다.*) 대개 영화 제작사에서 영화 제작 예산의 일부를 충당하고자 경매를 열거나 소품 제작소에서 소품을 구매해 개조하거나 용도를 변경하지만

《타임스》 (런던, 1945)

20세기 중반까지 영국 신문들은 전면에 기사를 싣지 않았다. 대신 항목별 광고가 실렸다.

스탠리 큐브릭의 예처럼 감독이 자신의 영화에 쓰인 히어로 소품을 간직하는 일도 드물지 않다. 졸타 역시 페니 마샬과 함께 살았다고 한다. 이따금 제작진이 자신이 참여한 영화의 소품 한두 점을 간직하기도 한다. 나는 소품 담당자 로빈 밀러Robin Miller의 책장에서 《캐스트 어웨이》의 윌슨(배구공*)을 만난 적이 있다. 나 역시 《그랜드 부다페스트 호텔》에 사용된 멘들스 박스 두어 개를 내 작업실에 자랑스럽게 진열해 놓았다. 하지만 세트 데코레이터가 진정한 수집가라서 이런 물건을 몇 서랍씩 보관하지 않는 한, 그래픽 소품 대부분은 보관되지 않는다. 안타까운 현실이다. 종이는 특히 고생이 많다. 뜨거운 조명과 배우들의 땀에 젖은 손 때문에 금세 손상된다. 소품은 대개 너무 망가져서 이후에 배경 장식으로 사용하기 어렵다. 가끔은 기념으로 출연자에게 소품을 선물하기도 하지만 그것들이 실제로 어떤 종말을 맞을지는 알 수 없다. 《구니스》에서 미키 역을 맡았던 배우 숀 애스틴은 영화 속 보물 지도를 기념으로 집에 가져왔지만 그의 어머니가 쓰레기로 착각해 쓰레기통에 버렸다고 전해진다.

이 모든 작업물이 결국 버려진다고 생각하면 가슴이 아프다. 파이널 컷final cut(후기 작업 단계에서의 가편집보다 진전된 편집본*)에는 필요 없을 수도 있는 (일이 끝나고 꼬박 한 해가 지나서 우리가 영화관에 앉아 영화를 볼 때까지의 일을 누가 확실히 알겠는가!) 구겨진 파편 더미를 보관하기보다는 작업이 끝나면 되도록 빨리 작업 공간을 청소하는 편을 선호하는 나이기에 더욱 죄책감을 느낀다. 이 책에 등장하는 여러 소품은 모두 영화나 프로그램에서 내가 작업한 작품들이다. 전부가 히어로 소품은 아니지만 운이 좋게도 수년 동안 훌륭하고 뛰어난 감독과 디자이너, 미술감독, 세트 데코레이터, 일러스트레이터, 서체 전문가들과 협력하여 저마다 정성스럽게 제작했다. 나는 이런 그래픽 소품을 클로즈업으로 보여 주는 일을 통해 내 작업은 물론이고 오늘날 전 세계 영화 산업에 종사하는 모든 그래픽 디자이너의 작업이 약간이나마 조명되기를 바란다. 우리는 모든 작은 것들을 보살핌으로써 훨씬 더 큰 그림을 완성하는 데 보탬이 되고자 진심으로 노력한다.

CHAPTER 1

세부 요소

영화 세트는 아름답게 구성되어 영화관에서 비추어지는 화면과는 다르다. 현실의 영화 세트는 전선과 조명, 그리고 스티로폼 컵으로 커피를 마시며 주변에서 웅성대는 제작진으로 가득하다. 하지만 실제의 소소한 세부 요소 몇 가지가 포함된 이 기묘하게 인공적인 환경을 꾸미면, 감독과 세트에서 연기하는 배우들이 보기에 현실감이 더욱 풍부한 세계를 창조할 수 있다. 물론 이런 물건들이 클로즈업되어 관객의 눈에 보이는 일은 없겠지만.

20세기에 러시아와 미국의 냉전이 아이들에게 어느 정도의 공포심을 주입시켰는지 파악하기는 쉽지 않다. 1980년대 후반에 성장기를 보낸 나는 사실 냉전의 끝자락만 간신히 붙잡았을 뿐이다. 물론 내가 읽은 주디 블룸Judy Blume의 한 책에는 폭탄에 대한 불안감이 묘사되어 있었고, 오빠의 『바람이 불 때에When the Wind Blows』(1982)를 탐독하기도 했다. 레이먼드 브릭스Raymond Briggs의 그림책으로, 방사능 질환으로 죽어 가는 퇴직 부부의 이야기가 사실적으로 묘사되어 있었다. 하지만 나는 이를 심각하게 걱정하기보다는 매혹되어서 읽었다. 부모님은 핵전쟁에 무관심한 듯이 보였다. 당시에 그것들은 대부분 스쳐 지나는 불안이었다.

1950년대 후반이 배경인 스티븐 스필버그 감독의 영화 《스파이 브릿지Bridge of Spies》(2015)에서는 뉴욕에 핵폭탄이 투하될 거라는 위협이 등장인물들의 피부에 와 닿는다. 도노반 가족의 막내아들 로저에게는 특히 그렇다. 소년은 학교에서 교육용 영상 《웅크리고 가려라 Duck and Cover》를 보고 대학살에서 살아남는 법에 관한 팸플릿과 잡지 기사를 모은다. 읽기 자료와 비상용 식수를 가득 담은 물통을 들고 욕실 바닥에 웅크린 아들을 발견한 아버지 제임스(톰 행크스 분)는 아들을 안심시켜야 하지만 너무 늦었다. 로저는 이미 맨해튼 중심에서 브루클린의 집 앞에 이르는 폭탄의 사정거리를 크레용으로 그려 놓았다.

이 각본을 읽는 일은 상상조차 할 수 없는 특권처럼 느껴졌다. 스필버그의 영화들(《죠스 Jaws》, 《E.T.》, 《레이더스Raiders Of The Lost Ark》, 《쥬라기 공원Jurassic Park》, 그리고…)은 내 어린 시절의 일부였다. 우리가 살던 웨일스 지방의 녹음이 우거진 계곡에는 영화관이 없었다. 가장 가까운 대도시는 왕복 80킬로미터 거리였다. 하지만 길 건너편 집에는 대형 컬러 TV와 VCR과 겹겹이 쌓인 VHS 공테이프가 있었다. 광고 방영 시간 동안에 영화 녹화를 멈추는 일은 나의 임무였다. 그러다 보니 막상 녹화한 테이프를 재생시키면 녹화를 잠시 멈추었던 부분 때문에 영화 대화가 자연스럽게 연결되지 않았다. 그럼에도 우리는 테이프가 늘어나 영화가 흐릿하고 희미하게 보일 때까지 반복해서 테이프를 재생했다. 영화 줄거리를 꿰고 있는 덕분에 숲에서는 《E.T.》의 대사를 큰 소리로 읊고, 강에서는 《죠스》의 특정 신 전체를 연기하기도 했다. 한번은 어머니가 아버지에게 꾸중 들은 나를 달래야 할 때가 있었는데 그때 어머니의 말은 뻔한 소리처럼 들렸다. "얘야, 가족생활은 네가 항상 보는 영화와는 다르단다." 물론이다. 우리가 본 영화에 나오는 가족들은 상어에게 먹히거나 공룡에게 쫓겼으니 말이다(그래도 결국은 힘을 모아 빠져나온다). 우리가 사는 웨일스의 작은 마을에 한 번이라도 유성이 충돌하고 외계인이 침공했다면 부모님은 이혼하지 않았을까? 솔직히 1989년에 핵전쟁이 일어나지 않은 것은 실망스러웠다.

25년 후에 프로덕션 디자이너 애덤 스톡하우젠Adam Stockhausen이 내게 《스파이 브릿지》의 초안을 보냈을 때, 나는 낯설지 않은 한 신의 각본을 펼쳤다. 거기에는 아침밥을 먹고 있는 가족이 등장한다. 시끄럽고 정신없지만 그것만 빼면 완벽하게 안정적인 가족이다. 아이들이 로봇을 가지고 놀고, 다투고, 숙제를 끝내는 동안 어머니는 토스트에 버터를 바르고 아버지는 신문을 읽는다. 유성 충돌 전의 평온함이다. 혹은 이 영화에서는 냉전이 한창일 때 화이트컬러 보험 전문 변호사인 아버지가 러시아의 한 스파이를 변호하기로 계약하기 전의 평온함이다.

나는 이전에 두 편의 영화에서 애덤과 함께 일했다. 그는 웨스 앤더슨 감독의 《그랜드 부다페스트 호텔》 작업에서 나와 독일 출신 영화 그래픽 디자이너 릴리아나 람브리에브Liliana Lambriev를 (영화의 배경인 가상의 공간) 주브로브카 공화국Empire of Zubrowka을 위한 그래픽 소품 담당자로 고용했다. 애덤은 아름다운 가상의 알프스 지방으로 서둘러 우리를 파견했고, 우리는 독일에서 주브로브카를 만들었다. 훗날 그는 우리를 자기 팀에 다시 합류시켜 그가 기획 중이던 공상 과학 영화의 그래픽 콘셉트를 개발하고 수백 년 후의 미래를 날아다닐 우주선을 개발하는 프로젝트에 탑승시켰다.

《스파이 브릿지》의 세계는 달랐다. 이 영화는 역사적 사건을 겪은 실존 인물이 등장하는 실화를 바탕으로 한다. 애덤은 20세기 중반의 뉴욕과 동서로 나뉜 베를린, 미국의 전략 정찰기인 U-2 전투기, 앨라배마 주의 한 교도소, 파키스탄 미군 기지, 모스크바 법정을 재현할 계획이었다. 다양한 시대와 장소를 옮겨 다니며 관객들에게 실감 나는 장면을 보여 주려면 미국의 게시판 광고, 호텔 네온사인, 소련의 선전, CIA 본부 바닥에 새겨진 표장 등 온갖 시기의 그래픽 디자인이 필요했다. 그리고 입국 증명서, 밀수한 파인애플 통조림, 가족의 아침상에 놓인 우유 포장 용기 등처럼 너무 눈에 띄지 않아 카메라로 적절히 포착하기 어려운 그래픽 소품들도 있을 터였다. 어린 시절 나와 동생들이 연기했던 것은 스필버그의 영화 《죠스》에 나오는 액션 시퀀스("더 큰 배가 필요할 거야!")였지만 애초에 우리를 매료시킨 것은 일상적인 가정생활을 담은 그의 신이었다. 나는 각본을 읽으면서 그가 어린 시절 우리를 위해 그의 세상을 만들었듯, 스필버그 감독을 위해 이 세상을 실제처럼 만들 절호의 기회가 왔다고 생각했다.

『바퀴와 날개의 그레이트 빅 북』
《스파이 브릿지》

톰 행크스가 연기한 제임스 도노반이 러시아 스파이를 변호하기로 계약하자 그의 집은 성난 미국인들의 표적이 되었다. 그들이 던진 벽돌이 도노반의 거실 창문으로 날아든다. 화면에 등장한 제임스의 아들 로저는 열 살이었던 노아 슈나프가 연기했다. 스필버그는 소년에게 머리를 가릴 책을 만들어 주고 싶어 했다. 로저가 다니는 학교에서는 아이들에게 폭탄이 투하되면 자신을 보호할 수 있도록 '웅크리고 가리는' 방법을 가르쳐 준다. 감독은 우리에게 로저가 몸을 숨길 수 있을 만한 큼지막한 자동차 일러스트레이션 개요서를 요청했다.

우리는 비행기와 기차, 자동차의 양장본 컬렉션인 『바퀴와 날개의 그레이트 빅 북 THE GREAT BIG BOOK OF WHEELS AND WINGS』을 디자인했다. 가상의 출판사 뉴욕 시티 그레이트 빅 북 컴퍼니에서 발행했고, 마찬가지로 가상의 작가인 아서 W. 블랫 주니어가 쓴 책이다. 책 앞날개 하단에 실린 작가 소개에는 이렇게 쓰여 있다. "아서 W. 블랫은 여러분만큼이나 트럭에 열광합니다. 아서는 여러분 나이였을 때부터 바퀴와 날개가 달린 물건에 대해 글을 썼습니다! 그는 아내 한나, 그리고 고양이 레지날드와 함께 뉴욕에 살고 있습니다."

The Great Big Book of
WHEELS
AND WINGS
By ARTHUR W. BLATT, Jr.

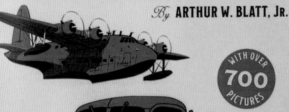

WITH OVER
700
PICTURES

A GREAT BIG book of HUGE TRAINS, FAST PLANES, and BIG TRUCKS (and some SMALL ones too) perfect for VEHICLE-MAD BOYS. From ENORMOUS heavy hauler dump trucks to ZOOMING FIGHTER JETS, you'll discover the BIGGEST and most POWERFUL winged and wheeled machines EVER MADE by man.

AUTHOR BIOGRAPHY
Arthur W. Blatt is as mad about trucks as you are, and he's been writing about wheeled and winged things since he was your age too! He lives in New York with his wife Hannah and their cat, Reginald.

THE GREAT BIG BOOK C⁰ of NEW YORK CITY

서독 식품 포장
《스파이 브릿지》 → →

독일 냉전 기간에도 베를린 장벽을 넘을 수는 있었으나 이동에 제약을 받았던 동독 시민이 서독 제품을 구하기는 쉽지 않았다. 서베를린 시민은 도시 반대편에 있는 친구와 가족에게 간식(무당연유, 완두콩 통조림, 각설탕 등)을 몰래 반출하곤 했다. 독일 유명 브랜드를 본뜬 이 소품들은 영화 마지막 신에 등장하지만 관객들의 눈에는 잘 보이지 않는다. 그래도 국경을 넘기 위해 온종일 눈 속에서 긴 줄을 기다리는 보조 출연자의 숄더백에는 이 소품들이 잔뜩 담겨 있었다.

우유 포장 용기의 레터링 스케치 《스파이 브릿지》

도노반 가족의 아침상에 놓인 우유 포장 용기의 초기 디자인, 1950년대 브루클린.

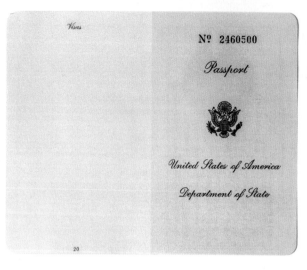

IMPORTANT

☞ **IMPORTANT**

This passport is NOT VALID until signed BY THE BEARER on page two. Please fill in names and addresses below.

BEARER'S ADDRESS IN THE UNITED STATES:

Name _____

Address _____

BEARER'S FOREIGN ADDRESS:

_____

_____

IN CASE OF DEATH OR ACCIDENT NOTIFY:

Name _____

Address _____

EXPIRATION AND RENEWAL

Unless limited to a shorter period, this passport EXPIRES three years from the date of issue shown on page two. It may be renewed for an additional period not exceeding five years from the date of issue shown on page two. The renewal fee is Five Dollars. This passport MUST be presented with your renewal application. Renewal is shown by a stamp placed in the passport.

NEW PASSPORT

When this passport expires and you want a new one, this passport should be presented with your application for the New passport.
(SEE OTHER IMPORTANT INFORMATION ON INSIDE OF BACK COVER)

IMPORTANT INFORMATION FOR YOU

• **TRAVEL IN DISTURBED AREAS**
If you travel in disturbed areas, you should keep in touch with the nearest American diplomatic or consular office.

• **PROLONGED RESIDENCE ABROAD**
If you make your home or reside for a prolonged period abroad, you should register at the nearest American consulate.

• **LOSS OF NATIONALITY**
You may lose your United States nationality by being naturalized in, or by voting in the elections of a foreign state; by taking an oath or making a declaration of allegiance to a foreign state; or by serving in the armed forces or accepting employment under the government of a foreign state. If you are a naturalized citizen of the United States, you may lose citizenship by residing for 3 years in the country of your birth or former nationality, or by residing for 5 years in any other foreign state or states. For detailed information consult the nearest American diplomatic or consular office.

• **VIOLATION OF CONDITIONS OR RESTRICTIONS**
If you use or attempt to use this passport in violation of the conditions or restrictions contained in it, you may lose the protection of the United States while you continue to reside abroad, and you may be liable for prosecution (Section 1544, Title 18, U. S. Code).

• **LOSS OR DESTRUCTION OF PASSPORT**
If this passport is lost, stolen or destroyed, report full details *immediately* to the Passport Office, Department of State, Washington 25, D. C., or to the nearest American consulate. In an outlying possession of the United States, report to the chief executive, and to the local police authorities. In loss or destruction cases, new passports are issued only after exhaustive investigation.

• **ALTERATION OR MUTILATION OF PASSPORT**
This passport must not be altered or mutilated in any way. You must not alter any dates; nor make any changes in your description, on the photograph, or on any other page of this passport. Alteration may make it INVALID. Only authorized officials of the United States or of foreign countries, in connection with official matters, may place stamps or make statements, notations or other additions in this passport.

U.S. GOVERNMENT PRINTING OFFICE

Visas

Nº 2460500

Passport

United States of America

Department of State

20

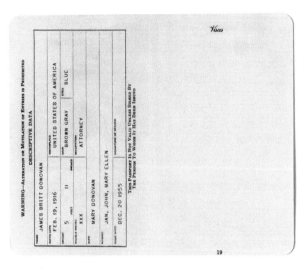

WARNING—ALTERATION OR MUTILATION OF ENTRIES IS PROHIBITED

DESCRIPTIVE DATA

NAME JAMES BRITT DONOVAN

BIRTHPLACE UNITED STATES OF AMERICA

BIRTH DATE FEB. 19, 1916

HEIGHT 5 FEET 11 INCHES

HAIR BROWN GRAY EYES BLUE

OCCUPATION ATTORNEY

VISIBLE MARKINGS XXX

SIGNATURE OF BEARER

WIFE MARY DONOVAN

CHILDREN JAN, JOHN, MARY ELLEN

ISSUE DATE DEC. 20 1955

THIS PASSPORT IS NOT VALID UNLESS SIGNED BY THE PERSON TO WHOM IT HAS BEEN ISSUED

Visas

19

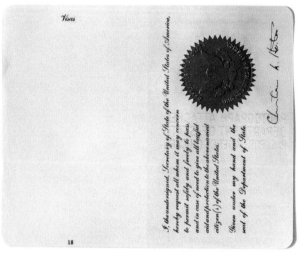

Visas

I, the undersigned, Secretary of State of the United States of America, hereby request all whom it may concern to permit safely and freely to pass, and in case of need to give all lawful aid and protection to the above named citizen(s) of the United States.

Given under my hand and the seal of the Department of State.

18

Photograph of bearer   *Visas*

4   17
6   15
10   13
12   11
14   9
16   7
                      5

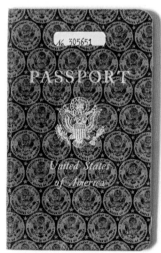

Nº 305651

PASSPORT

United States of America

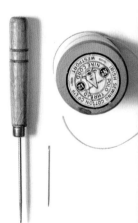

PHOTOGRAPH ATTACHED
DEPARTMENT OF STATE
PASSPORT AGENCY N.Y.

여권
《스파이 브릿지》

그래픽 소품을 제작하는 일은 위조처럼 느껴질 수도 있다.《스파이 브릿지》의 주인공 제임스 도노반은 영화에서 1950년대 실제 여권이 등장하면서 실존 인물처럼 보이기 시작한다. 우리는 실제 여권을 분해해서 스캔하고 재작업해서 다시 제본했다. 이것이 히어로 소품이다. 베를린 장벽을 순찰하는 장교들이 도노반에게 서류를 요구할 때 클로즈업되어 등장하지만 영화에서는 순식간에 지나간다.

소년 잡지 기사 (1950년대)
《스파이 브릿지》 → →

그래픽 소품이 제 임무를 다하려면 로저 도노반을 연기한 열 살의 꼬마 배우 노아 슈나프가 소품을 보고 진짜로 겁을 먹어야 했다. 우리는 놀라운 잡지 기사를 만들기 위해 의도적으로 20세기 중반에 실제 소년 만화에 쓰인 선동적인 언어를 모방해 기사를 썼다. 뉴욕의 항공사진 위에 그림을 겹쳐 '50메가톤 폭탄'의 폭발 반경을 보여 주었다. 불덩이는 즉시 맨해튼을 파괴할 테지만 그것의 파괴력은 훨씬 먼 곳(폭발 지점에서 최대 48킬로미터)까지 미치고, 폭탄에 노출된 피부는 3도 화상을, 불빛 쪽으로 눈길을 돌리는 사람은 시력을 잃을 것이다. 불과 몇 분 안에 뉴욕 전역의 400만 명의 목숨을 빼앗을 수 있다. 즉사를 면한 사람들의 장래도 그리 밝아 보이지 않는다. "결국 도시는 명실상부한 황무지로 전락할 뿐만이 아니라 목숨이 위태로운 자포자기 상태의 생존자 수천 명만이 도시를 떠돌 것이다."

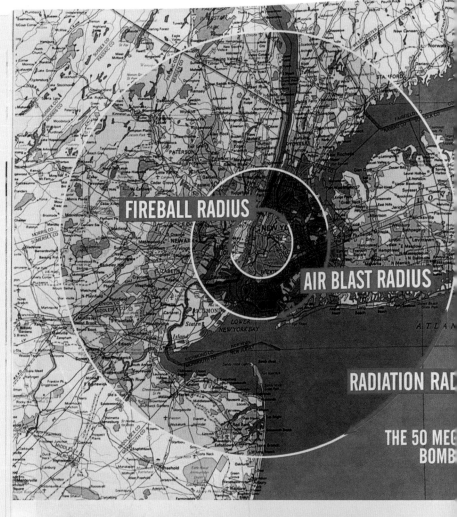

FIREBALL RADIUS

AIR BLAST RADIUS

RADIATION RAD

THE 50 MEG
BOMB

THE BLAST RADIUS

By ARTHUR B. GORDON, Nuclear Warfare Analyst.

With the Russian advancement in both Nuclear Warfare and space patrol, "bomb" is the
hot word of the year. We asked blast analyst Arthur B. Gordon from the New York Centre fo
Nuclear Research to give some examples of the effects of the 50 Megaton Bomb. Exactly ho
far can we expect the destruction to reach, and what happens in its midst?

GROUND ZERO

The 50 Megaton Bomb is one of man's deadliest inventions yet, and within split seconds of its detonation a fireball explodes in every direction, reaching as far as two miles from Ground Zero and completely enveloping Manhattan Island. Temperatures would reach unfathomable heights of 20 million degrees Farenheit, vaporising absolutely everything in its path – buildings, vehicles, trees, cars, animals and people.

2-5 MILES

At two to five miles from Ground Zero this nuclear blast would produce pressures of 25lbs per square inch, and winds in excess of 650 miles per hour. The magnitude of these extreme forces would destroy everything in seconds including reinforced steel and concrete structures. Even underground bomb shelters would be crushed by the ground blasting in overhead.

5-16 MILES

At five to sixteen miles from Ground Zero the heat would melt all glass and even vaporise car sheet metal. At this distance the blast wave would create pressures of 7-10lbs per square inch and winds of 200 miles per hour.

17 MILES

At seventeen miles from Ground Zero, so strong is the heat from the fireball that just its radiant temperature alone would ignite all easily flammable materials. Curtains, paper, leaves, clothing, and gasoline would all spontaneously combust, starting thousands of fires across the land.

17-29 MILES

At distances of seventeen to twenty-nine miles from Ground

Zero, the blast would still produce pressures of albs per square inch – which is enough to shatter glass windows. Shards of glass from these windows now become deadly missiles in themselves as they shoot off at 100 miles per hour.

30 MILES

At thirty miles, the heat would be so intense that any exposed skin would suffer third degree burns from the flash of light alone.

"IF A 50 MEGATON BOMB DROPS AT THE HEART OF NEW YORK CITY, IT'S NOT JUST MANHATTAN THAT WOULD BE ANNIHILATED"

Anyone who turned to look at this sudden flash would be permanently blinded by burns on their retinas and at the back of their eyes.

100 MILES

Within a radius of 100 miles most people can expect to suffer from severe radiation sickness, beginning anywhere from half an hour to two months after the blast.

THE DEATH TOLL

Within minutes after an explosion in Manhattan, four million people across New York City would die, and more than three-quarters fatally injured. Rural and suburban New York State would suffer severe radiation sickness, and the city would become a veritable wasteland, roamed only by a few thousand desperate and terminally ill survivors.

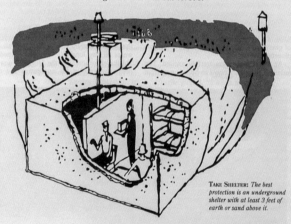

TAKE SHELTER: *The best protection is an underground shelter with at least 3 feet of earth or sand above it.*

총알구멍
《스파이 브릿지》

촬영을 위해 다양한 나라에서 작업하다 보면 각종 도전에 직면하게 된다. 《스파이 브릿지》의 독일 출신 미술감독인 마르코 비트너 로저Marco Bittner Rosser가 내게 "총알구멍을 가지고 있냐"고 물은 적이 있다. 나는 무슨 뜻인지 이해하지 못했다. 그때 공동 그래픽 디자이너인 릴리아나가 자신의 하드드라이버에 쓸 만한 게 몇 가지 있다고 말하며 얼른 나를 구해 주었다. 제2차 세계대전에 관한 영화가 비교적 많이 제작되었던 베를린에서는 대부분의 영화 그래픽 디자이너가 촬영장 벽에 가짜 총알구멍을 만들어 본 경험이 있다. 투명 아세테이트에 사진을 찍고 인쇄한 총알구멍은 오늘날에도 도시 주변에서 발견할 수 있는 총기 손상을 그대로 재현한다.

우리는 이 숏의 배경에 등장할 특정한 벽을 위해 릴리아나의 파일을 수정했다. 시행착오를 거듭한 긴 배색 작업이었다. 그런데 촬영 당일 우리가 손을 쓸 수 없는 한 가지 문제가 발생했다. 11월에 베를린의 기온은 영하로 내려간다는 사실! 벽에 살짝 서리 층이 덮여 있어서 아세테이트가 계속 벗겨졌다. 하는 수 없이 포스트 프로덕션(촬영 후 상영이나 방영 시간까지의 제작 과정*)에서 총알구멍을 추가했다.

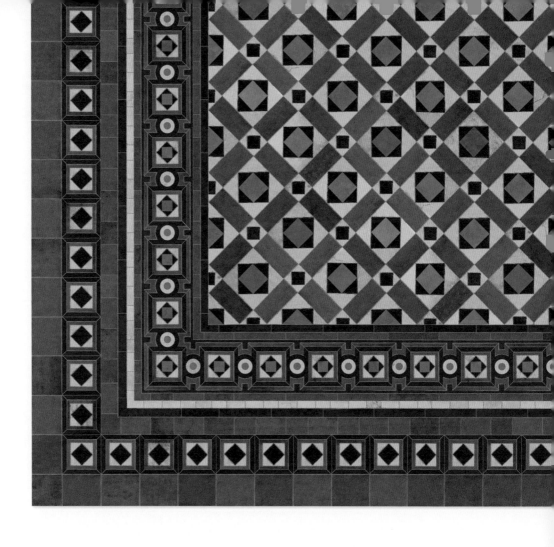

미국 자연사 박물관의 바닥 타일
《원더스트럭》

토드 헤인즈 감독의 《원더스트럭Wonderstruck》(2017)의 핵심 신 배경은 각본에 "기적의 캐비닛"이라고 묘사된 것들을 소장한 전시실이다. 기적의 캐비닛이란 기묘하고 다양한 물건(파충류 봉제 인형, 참수한 머리, 말린 물고기, 곤충 뼈대, 포유류 배설물)들로 가득한 끝도 없는 서랍과 선반들이다. 이 세트에서 내가 참여한 부분은 디지털로 제작한 바닥뿐이었다.

우리는 바닥 전체에 타일이 깔린 것처럼 보이도록 약 110제곱미터가 넘는 비닐에 잉크를 인쇄했다. 무늬는 고른 방향으로 시작해서 각 타일의 색감과 질감을 포토샵으로 처리하고 거친 회반죽 라인으로 테를 두름으로써 타일의 채색이 자연스럽게 일관성을 보이는 착시를 일으켰다. 페인트와 바닥이 광각으로 보일 경우에는 반복되는 조직이 눈에 띄지 않도록 조각을 충분히 다양하게 만들어야 했다. 물론 신 아티스트scenic artist(세트 뒤의 배경 작업과 디자인을 하는 사람*)도 비

닐을 깐 이후에 페인트와 유약으로 여기저기 다양성을 더했다. 이런 바닥재를 만드는 작업은 노동이 많이 필요하다. 따라서 영화 스크린에서 바닥의 좁은 구석보다 넓은 부분이 순간적으로 포착되는 경우는 드물다. 여하튼 이 작업, 즉 눈을 속이고 평면적인 디지털 상태를 '진짜'라고 착각할 수 있는 상태로 바꾸는 일은 이상야릇한 만족감을 준다.

D.D. 5 (Rev. 8-62)
SUPPLEMENTARY COMPLAIN

Complainant's Surname   First

Rudolpf I.   AB2

Complainant's Address

Room 339, Hotel Lathe

**FOLLOWING QUESTIONS PERTAI
THIS COMPLAINT REPORT**

Was this Complaint previously cleared by an arrest?
If yes, is this an additional arrest?
Were identified persons wanted previously reported?
Was any stolen property previously reported?
Was this stolen property previously reported?
Was any property recovered previously reported?
Was this recovered property previously reported?
Was complainant advised of action taken?

NUMBER OF ARRESTS

	Male	Female	
Adults	I	X	
Juveniles	I	X	

If an alarm is transmitted enter the foll

Alarm Number   Date

Report of Investigating Officer:

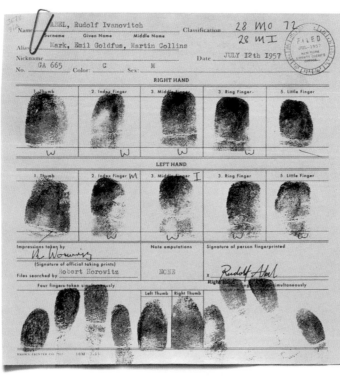

Name   ABEL, Rudolf Ivanovitch   Classification   28 MO 72
Surname   Given Name   Middle Name   28 MI
Alias   Mark, Emil Goldfus, Martin Collins
Nickname   Date   JULY 12th 1957
No.   GA 665   Color: C   Sex: M

FILED
JUL·1957
NEW YORK
COUNTY CLERKS

RIGHT HAND

1. Thumb	2. Index Finger	3. Middle Finger	4. Ring Finger	5. Little Finger

LEFT HAND

1. Thumb	2. Index Finger	3. Middle Finger	4. Ring Finger	5. Little Finger

Impressions taken by
(Signature of official taking prints)
Files searched by   Robert Horowitz

Note amputations
NONE

Signature of person fingerprinted
X   Rudolf Abel

Four fingers taken simultaneously   Left Thumb   Right Thumb   Right Hand   simultaneously

BROWN, PRINTER CO 7517   10M 4-55

P
TO   DULLES; A.W.
FROM   MICHAELS; Trevor

INSTRUCTIONS: Form must be typed or prin

SECTION I: All known aliases and variants
data varies with the alias used, a separate

SECTION II: Cryptonym or pseudonym will be

SECTION III: To be completed in all cases.

SENSITIVE		201 No.	
X NON-SENSITIVE			2
NAME (Last)		(First)	
DONOVAN		James	

RELATION	(Last)		
W	Donovan (née McKenna)		
D	Donovan		
S	Donovan		
D	Donovan		
F	Donovan		
M	Donovan (née O'Connor)		

PHOTO   4.   BIRTH DATE   5.   COUNTRY

PRESENT THIS CARD WHEN BORROWING BOOKS
Yale University Library   No. 52460
THIS CERTIFIES THAT
Frederic L. Pryor
IS ENTITLED TO DRAW BOOKS FROM:
Special student only. Room 413
and is responsible for all use made of this card. Books drawn on it
either with or without your consent must be at your risk. Loss of card
does not release you.
July 1, 1959
to
June 30, 1962   ADMINISTRATION

Союз Советских Социалистических Республик
Берлин 88
Унтер-ден-Линден д 63-65
телефон 22 11 10

LUFTPOSTLEICHTBRIEF
AEROGRAMME

15 DEUTSCHE DEMOKRATISCHE REPUBLIK

VIA AIR MAIL
MIT LUFTPOST
PAR AVION

JAMES B. DONOVAN
484 Fuller Place
Brooklyn, 1 NY
United States of America

FORM
10-57
C.I.

No. 55/360

Subject   Abel, Rudolf charged "Espionage" -
United States complainant.
Location   Hotel Latham,
Room 339.
Photographer   Brown.
Taken on   7.3.57.   Eight 4 X 5 negs.

67007 6-54

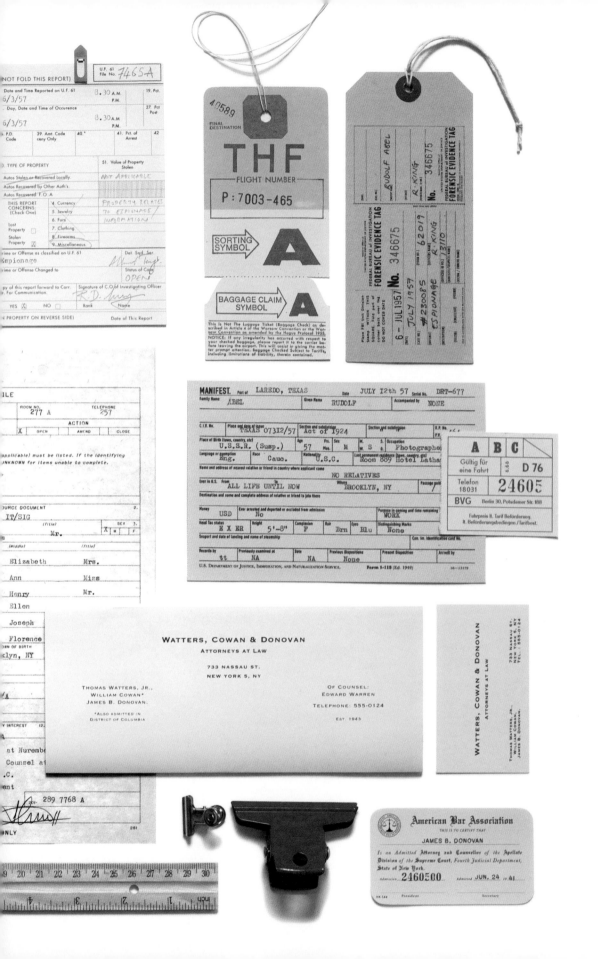

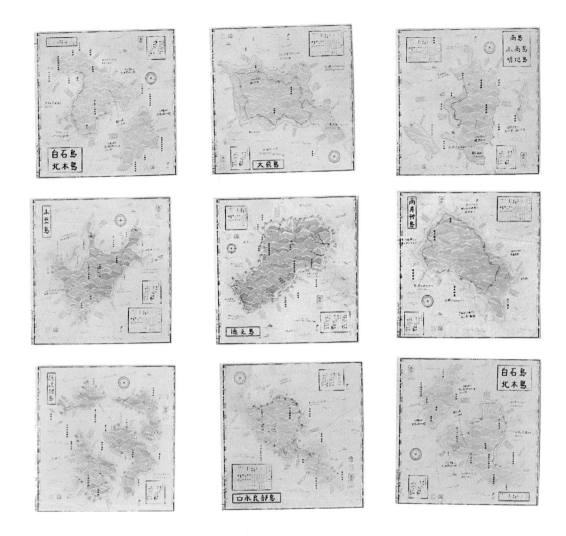

첩보 문서

《스파이 브릿지》 ←←

영화를 위해 제작되는 그래픽 소품이 전부 히어로 소품은 아니다. 대부분은 배경 장식에 쓰이는 서류의 낱장들이다. 《스파이 브릿지》 미술부는 영화의 여러 신을 위해 이와 같은 문서 모음을 제작했다. 이 가운데 클로즈업으로 잡힐 만한 문서는 많지 않았지만 날카로운 눈을 가진 소품 담당 디렉터 샌디 해밀턴Sandy Hamilton

과 세트 데코레이터 레나 디안젤로Rena DeAngelo는 세부 요소를 빠짐없이 꼼꼼하게 살폈다. 우리는 '톱 시트'(더미의 맨 위에 있는 조각)에 뚜렷한 실제 복사본과 진짜로 타자를 친 메모, 고무도장, 세심하게 선별한 종이 유형을 사용했다. 이런 것들이 배우와 관객 모두에게 진짜에 가까운 경험을 만들어 준다.

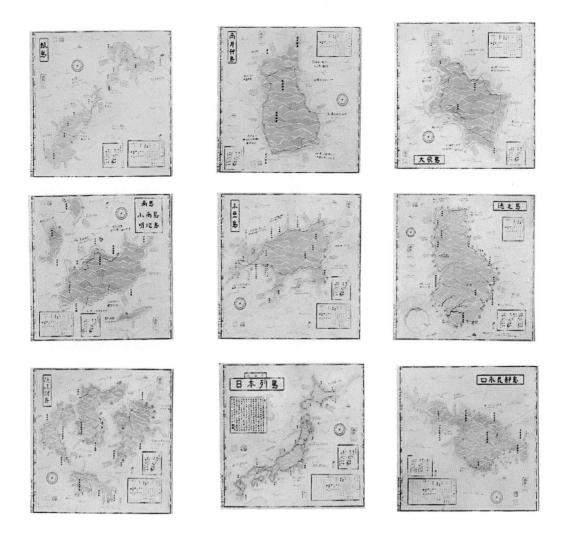

지도 열여덟 장
《개들의 섬》

웨스 앤더슨 감독의 《개들의 섬》에서 교실 벽에 걸린 소형 지도들은 일본 열도의 열여덟 개 섬을 묘사한다. 모두 연필, 매직펜, 먹, 수채화 물감을 이용해 손으로 그렸다. 어시스턴트 그래픽 디자이너 치나미 나리카와Chinami Narikawa와 내가 긴밀히 협력해 제작했다. 치나미가 연필로 일본 열도의 윤곽을 그리면 나는 산맥과 하천, 해변의 질감을 칠해 안쪽을 채웠다. 반대로 내가 도로망과 난파선을 그릴 때면 치나미는 디핑 펜dipping pen(잉크를 찍어 쓰는 펜*)과 잉크로 일본의 지

명과 설명을 써넣곤 했다.
나는 더블린에 있는 내 작업실에서, 치나미는 런던의 미술부에서 각기 떨어져 일했다. 치나미가 자신이 만든 레이어를 스캔해서 메일로 보내면 내가 포토샵으로 합성했다. 자세히 보면 용어와 내용은 언제나 위쪽이 위로 오도록 쓰여 있으나 몇 개 섬은 뒤집거나 회전시켰을 뿐이지 형태가 동일한 것을 볼 수 있다.

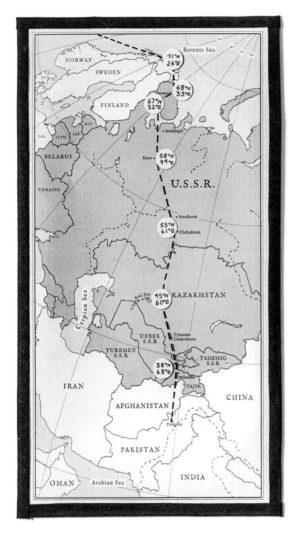

U-2 CONDENSED CHECKLIST

The following checklist is a condensed version of the aircraft checklist.

PRELIMINARY COCKPIT CHECK

☐ Seat ejection system - Check.
☐ Form 781 - Checked for aircraft status.
☐ Battery switch - Off.
☐ Autopilot controller, sextant viewing scope and drifisight control panel - Proper installation and function.
☐ Radio facility chart, appropriate letdown books - Present and current.
☐ Rubber sextant scope cover - In place.
☐ Sun shade - Securely fastened.
☐ Fan - Securely mounted.
☐ Climb data card - Installed.
☐ Under seat and behind rudder pedals - Check for loose items.
☐ Relief tube - Installed and secured.
☐ Fuel totaliser - Check.
☐ Oxygen quantity - Check for 1800 PSI minimum.
☐ Surge bleed valve sump overflow and gust control lights for night operation - Lights taped.
☐ Equipment bay upper hatch locking handles - Check.

FUEL CONSUMPTION CHART

P-31 ENGINE
NO SLIPPER TANKS

1375 GAL. TAKE-OFF FUEL
1032 GAL. TAKE-OFF FUEL

TIME AFTER TAKE-OFF - HOURS

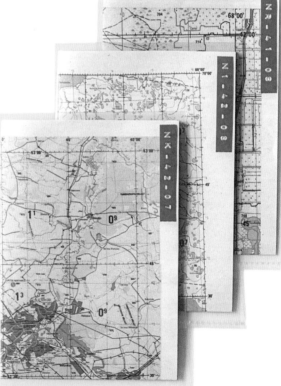

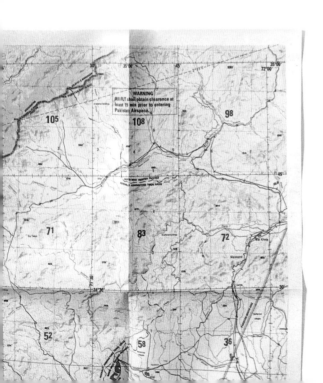

U-2 조종실 문서
《스파이 브릿지》

1950년대 미 공군 문서에 따르면 '그린보드green board'라고 알려진 이 점검표는 우리 주인공의 도구에서 필수 요소였다. 그래서 U-2 조종사 게리 파워스(오스틴 스토웰 분)는 러시아 감시 비행에 점검표를 포함시킨다. "좌석 사출 시스템? 확인." 이 단순한 지도에는 파키스탄에서 스칸디나비아 최북단으로 이어지는 경로를 인도할 일곱 개의 좌표가 표시되어 있다. 하지만 파워스는 비행을 마치지 못한다. 러시아를 절반쯤 횡단할 무렵 그의 비행기가 격추되었기 때문이다. 그는 어쩔 수 없이 낙하산을 타고 지상으로 내려왔으며, 스베르들롭스크Sverdlovsk 인근에서 생포된다.

상자 상표 스케치
《박스트롤》 →→

라이카의 스톱 모션 애니메이션(움직임을 한 프레임씩 변화 주어 촬영한 다음 이들을 연속적으로 영사하는 애니메이션 기법*) 《박스트롤The Boxtrolls》(2014)의 중심 등장인물은 지하에 군생하는 생물체로, 모두 판지 상자를 옷으로 입고 있다. 각 등장인물의 이름은 포장에서 따왔다. 슈Shoe는 낡은 신발 상자, 매치스Matches는 성냥갑을 입고 있고, 니커스Knickers(무릎 근처에서 졸라매는 품이 넓고 느슨한 바지*)의 상자는 계속 흘러내린다. 대단히 해학적이고 상상력이 풍부한 영화다.

프로덕션 디자이너들은 우리에게 치밀하지 않은 수작업 스타일의 그래픽 디자인으로 방향을 잡고, 모든 그림에 직선을 넣지 말라고 요구했다. 무게에 따라 선의 전반적인 형태가 달라져야 했기에 폰트나 자를 전혀 사용하지 않았다. 그 결과로 얻은 아트워크는 살짝 움직이는 것처럼 느껴졌다. 마침내 영화가 개봉되었을 때 (스톱 모션은 긴 작업이다) 이 근본적인 시각적 접근 방식이 영화가 주는 에너지의 핵심 요소가 되었다.

=· TWELVE DOZEN ·=

144

EGGS

·· MANUFACTURED BY CHICKENS ··

FOR HEATERS

OIL

AND LAMPS

UNI-CYCLES

BI-CYCLES

TRI-CYCLES

영화표 《원더스트럭》

《원더스트럭》에서 열두 살 소녀 로즈는 지금은 곁에 없지만 1920년대 할리우드 유명 배우였던 어머니의 모습을 담아 스크랩북을 만든다. 이 영화의 소품 담당 디렉터 샌디 해밀턴은 우리 미술부에게 신문과 잡지에서 오린 기사는 물론이고 한 면 가득 영화표를 붙여 달라고 요청했다. 소녀가 뉴저지 주 호보컨의 동네 영화관에서 어머니가 출연한 무성 영화를 하나도 빠짐없이 보기라도 한 듯이 말이다. 밝은색 종이는 당대의 영화표를 재현한 것이다. 하지만 1920년대가 배경인 영화는 흑백이니 관객들은 이 사실을 전혀 알아차리지 못했을 것이다.

런던 동물원
《페니 드레드풀》 →→

쇼타임의 괴기스러운 공포 시리즈 《페니 드레드풀Penny Dreadful》(2014)은 빅토리아 시대의 런던이 배경이지만 아일랜드에서 제작하고 촬영했다. 위클로 주의 아드모어 스튜디오에 만든 거대한 실내 세트 외에도 외부 신에는 더블린의 자갈 도로와 식민 시대 건축을 이용했다.

세 번째 에피소드에서 바네사(에바 그린 분)는 이선(조쉬 하트넷 분)과 말콤 경(티모시 달튼 분)을 동물원에 데려간다. 즐거운 나들이가 아니다. 뱀파이어로 의심되는 말콤의 딸 미나를 찾기 위해서다. 하지만 이 신들을 실제 동물원에서 촬영할 수는 없었다. 우선 (드라마의 시대적 배경인 19세기와 비교하여) 너무 현대적으로 보이며, 또한 원하는 장소에서 촬영하기 어려울 터였다. 야외 촬영 팀이 대신 더블린의 말리 공원에 옛날식 축사를 지을 수 있는 허가를 받았다. 미술감독들은 사육사와 협력해 축사를 새와 원숭이, 작은 무리의 늑대로 채웠다. 촬영장에는 한때 영국에서 호랑이가 온다는 소문이 돌기도 했지만 모든 고양잇과 대형 동물은 동물 복지 규정에 따라 그들의 정서적 안정을 위해 한 쌍으로만 옮겨야 하고, 그러면 비용이 두 배로 들어 예산이 초과될 것이었다. 궁여지책으로 우리는 포스트 프로덕션 단계에서 으르렁거리는 소리만 추가했다.

그래픽 팀에서는 공원 곳곳에 놓일 동물원 표지판을 디자인해서 어디에든 야생 동물이 도사리고 있다는 인상을 줄 생각이었다. 그 결과 무쇠에 얼룩말과 곰이 그려진 방향 표지판이 탄생했다. 동물원 전체 상세 지도에는 이국적인 조류 사육장과 파충류 축사를 표시했다. 또 광고 포스터에는 '훈련받은 코끼리'와 수많은 고양잇과 대형 동물(무려 사자 스무 마리!)을 볼 수 있다는 문구를 넣었다. 에피소드의 마지막 신에서 한눈팔면 놓칠 만큼 빠르게 스쳐 지나가는 원숭이 축사 안내판을 제외하면, 이런 아트워크는 거의 보이지 않는다. 바네사 일행이 각본에 "기껏해야 소년 정도인 깡마른 사람이 몸을 웅크리고 죽은 원숭이를 게걸스럽게 먹는다"라고 묘사된 생명체를 발견하는 순간의 극적 효과로 말미암아 그의 옆에 있는 안내판은 전혀 눈에 띄지 않기 때문이다.

THE SPECIES of THE
MONKEY HOUSE
OF THE ZOOLOGICAL SOCIETY of LONDON

The Official Ramble's Guide to the Gardens is sold at the Ticket Office at the Main Entrance at the price of Sixpence, or at Bars for Sevenpence. B. S. Ballitere, post 1825.

Any Lady or Gentleman is eligible for election to the Society. Admission Fee £5 Annual Subscription £3, or one subscription of £30 in lieu thereof.

The Monkey House was built in 1826 and re-decorated in 1878, when a modern ventilating and heating apparatus was fitted. This advanced system uses hot water to maintain a tropical climate for the Primates. Zoologists often note the monkey's close physical resemblance to man, except for the existence of a tail. It is a common perception that monkeys are verminous in fleas and parasites. However, monkeys are sophisticated in grooming. They enjoy searching through another monkey's fur to nibble on a salty-tasting secretion from their neighbour's skin. They are not gorging on fleas and ticks as is the widespread misinterpretation of this activity. More robust monkeys can be seen in the Outdoor Monkey's enclosure, found next to the Paradise House. These larger species are hardier and do not require a tropical climate. Our smaller species of Primates are kept warm here.

fig. 1.
Squirrel Monkey
Saimiri

№ 1
THE COMMON MACAQUE
Macaca cynomolgus

The Common Macaque is a native of India, and can be seen in almost every Zoological Garden in Europe.

№ 2
THE VERVET MONKEY
Cercopithecus pygerythrus

Vervet Monkeys belongs to the common African genus, Cercopithecus. It is mischievous and occasionally can be dangerous to humans and smaller species of monkey. The Vervet Monkey initiates fights within his own species too. The Diana Monkey and the Mona Monkey, other species of the same genus, are very handsome and more easily tamed so as to be kept as docile pets.

№ 3
THE SQUIRREL MONKEYS
Saimiri

The Squirrel Monkeys are long limbed, elegant creatures with prehensile tails. They enjoy jumping from tree branch to tree branch and swinging from great heights.

fig. 2.
The Chimpanzee
Anthropopithecus

№ 4
THE CHIMPANZEE
Anthropopithecus

Chimpanzees are quite intelligent, and several of them, like 'Sally' *(fig. 2)* who lived for many years in these Gardens, have been trained to perform tasks which show their ability to memorise and deduct problems similar to man. They show intelligence far superior to most of their species and other creatures within the Animal Kingdom. 'Sally' has lived in these Gardens for fourteen years and can quickly solve most puzzles.

№ 5
THE CAPUCHINS
Cebus

Capuchins are very strong and easily recognisable. Most of them have a prehensile tail, which acts as a fifth limb when climbing. They also have more teeth than other species. They use these extra teeth to grind tough nuts and shells. These little monkeys are tenant and well beloved.

№ 6
THE WOOLLY MONKEYS
Lagothrix

The Woolly Monkeys are covered in a thicker fur, closer to that of wool, than other monkeys. They use their prehensile tail to swing from tree branches. Their are regularly persecuted for their edible flesh and warm fur.

№ 7
THE LION MARMOSET
Callitrichidae

Marmosets are closely related to Old World Monkeys and are well known as powerful and loving pets. Marmosets need particular care in captivity and they diet on meal worms and fresh fruit. Marmosets are found in the Monkey House where the temperature is warmer although they spend some time socialising in the Outdoor Monkey enclosure between 9 and 10 a.m. daily. They are gentle and affectionate creatures and enjoy human interaction, making great connections with the keepers and visitors to the Gardens. They have long tails, large peaceful eyes and are covered in long-haired fur.

PRINTED BY A. STRONG & C°, ROCHESTER, LONDON, ON BEHALF OF THE ZOOLOGICAL SOCIETY OF LONDON, BY APPOINTMENT TO HER THE QUEEN.

THE GARDENS of THE
ZOOLOGICAL
SOCIETY of LONDON

PLAN OF THE GARDENS
1:1:1850

№1. PHEASANTRY	№8. GAZELLES	№17. OUTDOOR MONKEYS	№25. OTTERS	№33. SMALL BIRDS	№41. APES HOUSE
№2. OWLS AVIARY	№9. CHAMOIS	№18. PELICANS	№26. JACKALS	№34. W. PHEASANTRY	№42. STORKS
№3. CRANE PADDOCKS	№10. ELEPHANTS	№19. EASTERN AVIARY	№27. EAGLES	№35. MONKEY HOUSE	№43. CRANES
№4. INSECT HOUSE	№11. RHINOCEROSES	№20. PAVILLION POND	№28. FOXES	№36. RODENTS	№44. OSTRICHES
№5. DEER YARD	№12. PARROTS	№21. GREAT AVIARY	№29. RACOONS	№37. SOUTHERN AVIARY	№45. CARNIVORA HOUSE
№6. ZEBRAS	№13. BRUSH TURKEYS	№22. SHEEP YARD	№30. DIVING BIRDS	№38. POLAR BEARS	№46. GEESE
№7. HIPPOPOTAMI	№14. MANGABOOS	№23. LLAMAS	№31. CAMEL HOUSE	№39. SWINE	№47. WOLVES DEN
	№15. PARADISE HOUSE	№24. MAMMAL'S CAGES	№32. BEARS	№40. SEA LIONS POND	№48. REPTILE HOUSE

№ 12.
THE CARNIVORA HOUSE

The red-brick building, situated close to the Antelope House, was built in 1859 to house the Garden's larger mammal residents. The Carnivora House is home to two major types, as contrary to popular belief, Lions and Tigers are two or more outside of their climate type. Lions are particularly sociable creatures and enjoy living together in packs, known as a pride. Fourteen cages make up the interior of this house. Each cage has a separate inner compartment for isolation time so sleeping.

№ 16.
THE PARADISE HOUSE

Facing the Outdoor Monkey enclosure is a large range of buildings known as the Paradise House. In its advanced system similar to that of the Carnivora House, the room is heated by hot water.

№ 42.
THE REPTILE HOUSE

Reptiles and Serpents are to be found in the Reptile House. Reptiles may be divided into—Snakes and Turtoise, Snakes, Crocodiles and Alligators, and Lizards.

№ 35.
THE MONKEY HOUSE

An small group of red-brick buildings are home to some of the smaller species of the Monkey and Ape species, of which the Society has many.

№ 6.
THE ZEBRA HOUSE

Zebras are located in the area south-westerly part of the park.

№ 41.
THE ELEPHANT HOUSE

Its elephants can be found next to their neighbour, The Rhinoceros.

COPYRIGHT A. STRONG & C°, ROCHESTER, LONDON, ON BEHALF OF THE ZOOLOGICAL SOCIETY OF LONDON, BY APPOINTMENT TO HER THE QUEEN.

No **48**

REPTILE HOUSE

PACHYDERMS

| Elephants | Rhinoceroses | Tapirs |
| Aardvarks | Wild Boars | Hippopotami |

ELEPHANT HOUSE

CARNIVORA HOUSE

MONKEY HOUSE

№ 45	№ 34	№ 19	№ 9
CARNIVORA HOUSE	**MONKEY HOUSE**	**NEW AVIARY**	**PEACOCK ENCLOSURE**

KEEP HANDS AWAY FROM CAGE.	**Please Do Not Encourage the Monkeys.**	**Animals Fed Daily at Noon.**	**PLEASE DO NOT FEED THE BIRDS.**

CHAPTER 2

조사

과거라고 하면 사람들은 단조로운 거리 신, 정장을 입은 유령 같은 사람 등 어두운
갈색 톤의 사진을 상상하기 쉽다. 정확히 오답이다. 이는 베끼기와 베끼기를 거듭해
결국 진부해져 버린 표현이다. 과거가 배경인 영화에 사용될 소품 제작을 위해 조사
해 보면 현실은 놀랍고, 이따금 예상보다 훨씬 흥미롭기까지 하다.

내가 미술학교 1학년이었을 때 라이프드로잉life-drawing(인체나 동물 등 살아 있는 생물을 보고 그들의 동작이나 자세, 상황 등을 생동감 있게 그리는 것*) 선생님은 우리에게 손과 연필이 아니라 우리 앞에 있는 생명체를 보아야 한다고 귀에 못이 박히도록 말했다. 선생님은 웨일스 지방의 풍경화가 피터 프렌더개스트Peter Prendergast였고, 우리 앞에 있는 생명체는 모델 얀이었다. 얀은 매주 수요일 아침마다 웨일스의 작은 미술대학의 썰렁한 화실에서 누드로 앉아 있었다. 라이프드로잉을 어려워했던 나는 파운데이션 이어foundation year(인턴에 해당하는 과정*) 내내 구상 미술과 씨름했다. 나는 이후 런던 레번스번 디자인 대학에 진학해 비주얼커뮤니케이션(문자 대신 텔레비전, 사진, 그래픽 디자인 등의 시각적 수단으로 정보를 전달하는 것*)을 전공했다. 다행히 이 분야는 쉬웠다(적어도 비교적 쉬웠다). 말하자면 지면에 표본을 나열하는 일이 인간의 온전한 형태를 목탄으로 묘사하기보다 쉬웠다. 그럼에도 피터의 원칙인 "종이를 보지 말고 주변의 세상을 보라"는 학창 시절과 잠시 광고계에 몸담았던 기간, 그리고 영화 디자인 작업을 하는 내내 내 곁에 남아 있다.

조사는 영화 디자인 과정의 첫 단계다. 영화 제작 초기에 우리는 소품과 세트 부품의 토대로 사용할 참고 이미지를 수백 개씩 수집한다. 결국 일러스트레이터나 포토샵 같은 프로그램을 이용해 디지털 방식으로 부품을 디자인하지만 그래도 관객들에게 진짜처럼 느껴지게 만들려면 원본의 형태나 배경을 잘 이해하고 있어야만 한다. 활판 인쇄기에서 인쇄되는 인쇄물은 판화 인쇄와 어떻게 다른가? 인쇄 방법은 레터링 스타일에 어떠한 영향을 미치는가? 이와 같은 1차 원천을 면밀하게 조사해야만 그것을 실감나게 모방할 수 있다.

인터넷 검색으로 원시 자료를 찾는 일은 하늘의 별 따기다. 물론 어떤 세심한 블로거가 아름답게 꾸며진 이탈리아 초콜릿 포장지들을 하나도 빠짐없이 분류해서 고화질로 업로드해놓았을 수도 있다. 하지만 값싸게 인쇄된 낡은 영화표 조각들이라면 가능성은 훨씬 적어진다. 제대로 분류하지 못한 채로 스캔했거나 날짜가 확실하지 않거나 모양이 대체로 온전하지 않을 수 있다. 설사 양호한 상태로 보관된 조각들일지라도 인쇄된 사진으로 보면 실상을 정확하게 파악하기 어려울 수 있다. 이를테면 스크린의 사진에 담긴 낡은 지폐는 크기를 가늠할 수 없다. 스캔만으로는 다양한 종이의 무게가 나타나지 않고 질감이 항상 뚜렷하게 보이지도 않는다. 특정한 종잇조각의 뒷면에 무엇이 인쇄되어 있는지 어떻게 알 수 있을까? 1700년대 후반에 발행된 영국의 5파운드 흑백 지폐인 '화이트 파이버white fiver'가 좋은 예다. 이 지폐의 뒷면은 텅 비어 있지만 손에 쥐어 보지 않는 이상 이러한 사실을 알 길이 없다. 아무리 세심한 블로거라도 대상의 뒷면까지 스캔해서 업로드하지는 않는다.

현실 세계에서 영화 그래픽 디자인에 필요한 단편을 찾는 편이 낫다. 대개는 오래된 소설 책의 책장에서 누군가 어떤 시점에 임시 책갈피로 사용한 오래된 영화표 조각, 쇼핑 영수 증, 엽서 등을 발견할 수 있다. 고물상에서 낡은 담배 상자를 보관하거나 빈 독약 병을 판매용으로 내놓을 수도 있을 것이다. 더블린에서라면 골동품 상점에서 이런 물건을 발견하기를 기대하기보다는 할머니의 다락방을 뒤지는 편이 낫겠지만 독일의 소형 인쇄물은 다른 대접을 받는 것 같다.

《그랜드 부다페스트 호텔》의 제작 초기에, 영화 제작진들이 스튜디오 바벨스베르크Studio Babelsberg(유럽 영화의 중심으로 불리는 독일에 위치한 거대 스튜디오*)에 머물고 있을 때였다. 나는 주말을 맞이하여 소품 담당 디렉터인 로빈 밀러와 함께 베를린의 한 벼룩시장을 샅샅이 뒤졌다. 그가 오래된 안경, 시계, 재떨이, 지갑 같은 보물을 물색하는 동안 나는 폐물 찾기에 열중했다. 그러다 사용한 기차표, 통조림 상표, 오래전 세상을 떠난 낯선 사람의 여권 등과 같은 온갖 폐지를 현금으로 구입할 수 있다는 사실을 발견했다. 그리고 아르코나 플라츠(베를린의 벼룩시장*)에서 중고 서적으로 가득한 한 상자에서 내 보물을 발견했다. 1920년대에 한 독일 소녀가 쓴 일기였다. 소녀는 일기에다 시와 여러 친구와 친척이 손으로 쓴 소원을 몇 페이지씩 모아 두었다. 일기장 주인은 왜 이런 글들을 모았을까? 이사를 갈 예정이었을까? 아프거나 혹시 죽음을 앞두고 있었을까? 하지만 나는 이런 물건에 지나치게 감정을 싣지 않으려고 애쓴다. 지금 나는 소녀의 일기를 20세기 초기의 다양한 필기체를 참고할 때 지침으로 이용한다. 구글 이미지 검색만으로는 이런 결과를 얻을 수 없다.

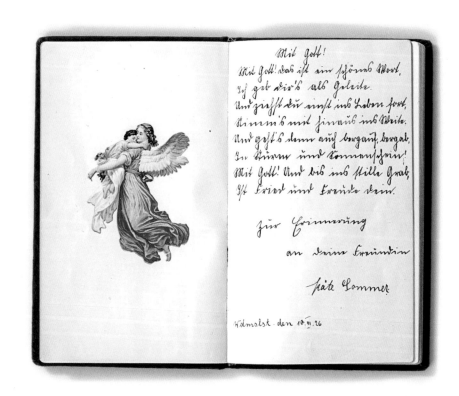

추억의 문집 →→

1920년대에 한 독일 소녀의 일기에 쓰인 시와 소원 모음집.

Berlin den 19.2.1926.

Bilde Dir ja nicht ein
Leben sei Sonnenschein
Mußt Dich bescheiden:
Leben heißt Leiden
Ist rückwärts gelesen
Für Nebel gewesen.

Zur Erinnerung
an Deine Tante
Erna Wolfgram.

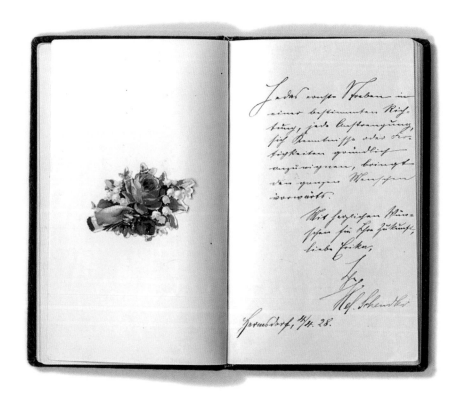

Jedes rasche Streben in
einer bestimmten Rich-
tung, jede Anstrengung,
sich Kenntnisse oder Fer-
tigkeiten gründlich
anzueignen, bringt
den ganzen Menschen
vorwärts.

Mit herzlichen Wün-
schen für Ihre Zukunft,
liebe Erika,

Ihr
Hch. Schneider

Hermsdorf, 4/4. 28.

Der Mensch sei uadrig oder groß,
Mühseligkeit ist aller Loos.
Nicht Gold gibt Glück, nicht Rang, nicht
Wir sind wozu das Herz uns macht.

Zur froh. Erinnerung
an
Ingeborg Marohn.

Köln den 21. V. 1926.
—

소형 인쇄물

옛 레터링 디자인을 위한 참고 자료는 가장 예상치 못한 곳에서 나타날 수 있다.
벼룩시장, 골동품 상점, 할머니의 다락방을 뒤지면 구글에 검색어를 입력하는 것
보다 흥미로운 결과를 만날 수 있다.

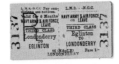

화이트 파이버의 앞면과 뒷면

1793년에 영국 최초의 5파운드 지폐가 발행되었다. '화이트 파이버'라는 별명으로도 불린 이 지폐는 150년 넘게 유통되다가 1957년에 대체되었다. 12x19.5센티미터(4.7x7.7인치)의 흰색 종이에 검은색 잉크로 아름답고 단순하게 인쇄된 화이트 파이버는 7x13.5센티미터(2.8x5.3인치)인 현재 통용되는 5파운드 지폐보다 훨씬 컸다.

내가 이 지폐를 손에 쥐었을 때 디자인에서 가장 놀라웠던 요소는 지폐의 뒷면에는 아무것도 인쇄되어 있지 않다는 사실이었다. 온라인에서 지폐의 스캔본을 볼 때는 이 사실을 전혀 알 수 없었다. 그럼에도 일부 세트 데코레이터는 영화에서 양면 지폐를 사용하기를 선호한다. 철저한 시대 고증을 추구한다고 하더라도 뒷면이 비어 있다면 관객들에게는 어딘지 너무 '소품'처럼 보일 수 있다.

상품 송장: 섬유 염색 회사
(영국 맨체스터, 1936) →→

아무리 평범한 사무 문서일지라도 디지털 이전 시대의 서류를 모방할 때는 아주 훌륭한 자원이 될 수 있다. 맨체스터의 한 섬유 염색 회사의 송장에는 구리에 자사의 연기 나는 굴뚝을 섬세하게 새겨 넣은 것(분명 1930년대 북부 영국에서는 자부심을 가질 만한 기법이었을 것이다)을 비롯하여 최소 여섯 가지 인쇄 기법이 포함되어 있다. 이런 소품은 모든 종이 소품의 완성도를 높이는 데 매우 귀중한 영감을 제공한다. 고무도장으로 찍힌 날짜, 연필 서명, 두 개의 펜, 타자기로 친 메모, 심지어 제본을 위해 종이에 뚫은 구멍마저도 오늘날 우리에게 친숙한 것과는 크기가 다르다.

빨간색 선은 쇼 펜 룰링 머신Shaw Pen Ruling Machine으로 그려졌다. 나무와 황동을 재료로 만든 이 기계는 두 사람이 동시에 작동시키는 대형 직기로, 지면에 '자동'으로 선을 그린 다음 원장과 습자 교본으로 제본한다. 기계 전면에 있는 막대의 각기 다른 지점에 여러 개의 펜을 꽂고 바로 위에 잉크를 흠뻑 적신 천을 놓은 다음 기계를 통과시키면서 천에 잉크를 떨어뜨렸다. 천을 위해 디자인한 특정한 무늬에 따라 이 과정을 최대 네 번까지 반복해야 하는 경우도 있었다. 이 기계는 30분마다 약 1천 장을 인쇄했다. 일반적으로 자와 빨간색 펜을 가지고 손으로 모든 선을 그리는 작업을 수반했던 이전 기법에 비하면 장족의 발전이었다.

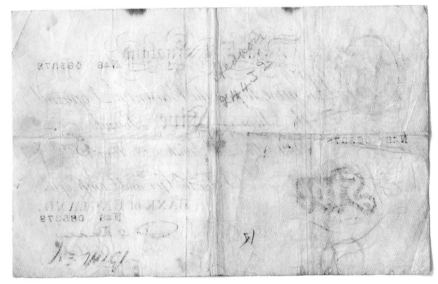

1)
'전신 암호 주소telegraphic cypher address'라는 단어는 너무 오래전 용어라 지금은 오히려 초현대적으로 들린다.

2)
축약어로 'Messrs'('Mister'의 복수)와 'Bot. of'('bought of', 즉 '이곳에서 상품을 구입했다'의 줄임말) 등이 있다.

3)
일반적으로 공동 소유자들의 성을 '&'로 연결해서 회사명을 지었다.

4)
레터링은 대부분 손으로 그리고 활자의 문자 면을 이용한 세트보다는 동판으로 인쇄했다. 약간 불규칙한 간격과 레터링 크기로 이 차이를 확인할 수 있다. 따라서 정확하게 똑같은 글자는 없다.

5)
레터헤드letter head(편지지 윗부분에 인쇄된 문구*) 디자인은 일러스트레이션과 장식적인 가는 줄 세공으로 가득한 정교한 구리 오목판으로 만들었다. 당시에는 문구류에 회사 건물 모습을 담는 것이 일반적이었다.

6)
바늘을 가지고 손으로 뚫었던 제본 구멍은 오늘날 우리가 사용하는 펀처로 뚫는 것과 크기가 다르다.

7)
이 빨간색 선은 원장과 습자 교본에 선을 인쇄할 때 일반적으로 사용하는 대형 산업 장비인 괘선 기계로 인쇄했다.

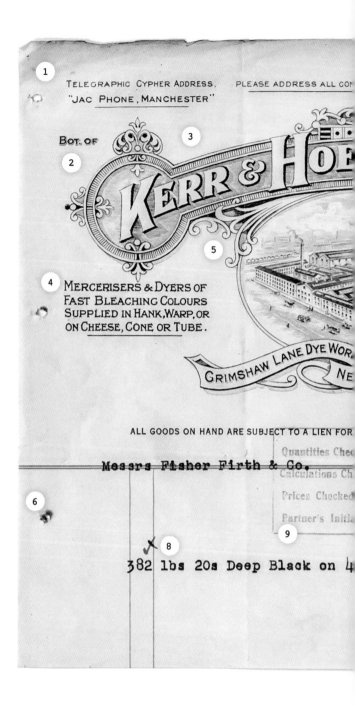

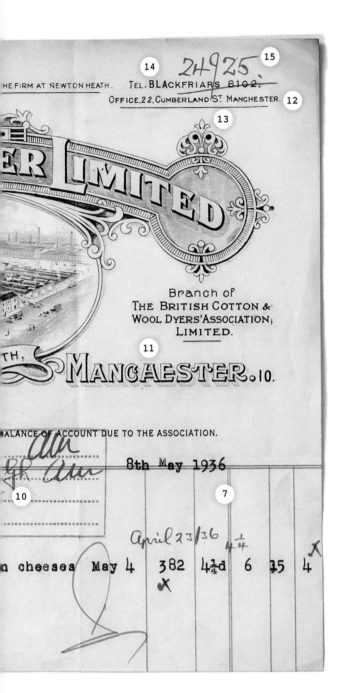

HE FIRM AT NEWTON HEATH.

TEL. BLACKFRIARS 8102.

2H925

OFFICE, 22, CUMBERLAND ST. MANCHESTER.

ER LIMITED

Branch of
THE BRITISH COTTON &
WOOL DYERS' ASSOCIATION,
LIMITED.

TH, MANCAESTER. 10.

ALANCE OF ACCOUNT DUE TO THE ASSOCIATION.

8th May 1936

April 23/36

n cheeses   May 4   382   4¼d   6   15   4

15)
20세기 중반의 전화번호는 지금은 믿기 어려울 만큼 짧았다.

14)
'Blackfriars'의 처음 세 글자가 나머지보다 약간 크다는 점에 주목하라. 전화의 지역 번호로 여겨진다.

13)
당시 손으로 썼던 주소에서 흔히 볼 수 있듯, 'street'의 축약어에서 어깨 글자 'T'는 마침표 옆이 아니라 바로 위에 쓴다.

12)
독립 문구 끝에 찍은 마침표는 한때는 일반적이었으나 이후로 점차 사라졌다.

11)
레터링 아티스트의 멋진 장식적 요소는 '맨체스터'에서 가로줄이 두 개인 'H'다.

10)
두 개의 펜과 연필로 쓴 글씨로 볼 때 이 송장이 여러 사람의 손을 거쳤음을 알 수 있다.

8)
타자기로 친 메모로 송장에 특정 정보를 추가한다.

9)
잉크를 칠한 고무도장으로 모든 송장을 보증했다.

관찰자 포켓북 셀렉션
(영국, 1937-1960년경)

책은 작가와 편집자, 편집 보조 등이 텍스트의 사실 여부를 확인한 검증된 자료이기 때문에 모든 조사 과정의 필수 요소다. 악의적인 허위 정보도 가득한 온라인과는 다르다. 소형 인쇄물 모음집은 대개 인쇄물의 크기를 표시하는데, 직접 입수할 수 없는 문서를 재현할 때 아주 유용하다. 이때 항상 출처를 밝혀야 한다. 그러면 복제 허가를 받을 때도 도움이 된다.

1937-2003년에 발행된 관찰자 포켓북은 간편한 안내서로, 온갖 종류의 주제를 다룬다. 희귀성과 상태에 따라 포켓북 한 권의 가격이 1달러 이하에서 수백 달러에 이르기까지 다양하다. 그런데 포켓북의 책등에 쓰인 제목의 방향이 제각기 다르다. 오늘날 책등의 방향은 나라별로 통일되어 있다. 예를 들어 미국과 영국, 아일랜드의 책등은 위에서 아래로 읽지만 독일과 프랑스 책은 아래에서 위로 읽는다. 20세기 중반 영국에서 표준화되었고 이 포켓북의 방향도 규정을 따랐다. 책등 제목의 하향 배치 지지자들은 책을 탁자에 눕혀 놓을 때 하향 배치가 제목을 읽기 쉽다고 주장하는 반면 독일과 프랑스, 그 밖의 나라에서는 책장에 책을 수직으로 꽂을 경우 아래에서 위로 읽는 것이 일반적이라고 주장한다. 어느 편이든 영화 세트에서 책장을 장식할 가짜 책의 표지를 만들 때 이 사소한 세부 사항을 유념해야 한다. 조사 과정이 실물 책을 사는 일보다, 그리고 눈을 감고 무언가를 만들어 내는 일이 책을 보는 것보다 언제나 더 복잡한 것은 아니다.

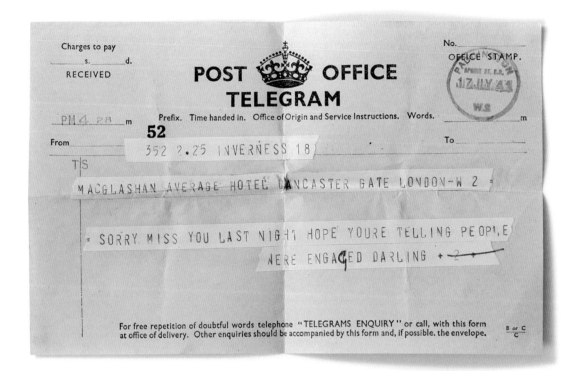

전보 (영국, 1941)

내가 수년 동안 수집한 보관 자료 폴더에는 튜더 영국, 빅토리아 런던, 공산주의 동베를린 같은, 특정 세트를 위해 참고 자료로 사용했던 여러 시대와 장소가 뒤죽박죽 섞여 있다. 나는 아직 분류하지 않은(언젠가 할 것이다!) 수북한 사진 앨범들은 물론이고 10년 혹은 더 오래된 문서는 100년 단위로 구분한 박스 파일을 책장에 보관하고 있다.

그것은 피지 문서에 깃촉 펜으로 잉크를 찍어서 쓴 권리증, 다채로운 판지 우유병 뚜껑 모음 등이다. 개인적으로 가장 좋아하는, 1940년대에 한 런던 사람이 보낸 전신 메시지에는 다음과 같이 적혀 있다. "당신이 약혼했다고 사람들에게 알리기를 바람, 달링." 이들의 관계는 확실히 파국을 맞은 것 같다. 이처럼 개중에는 다른 소품보다 훨씬 흥미로운 것들이 있다.

우유병 뚜껑 (영국, 1950년대)

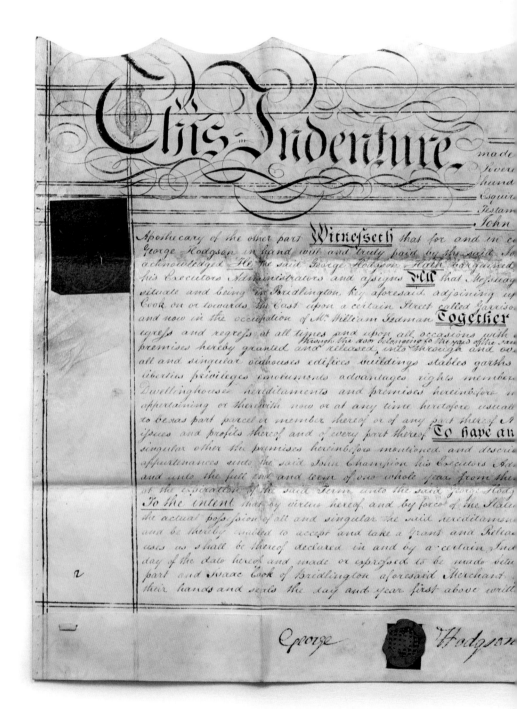

피지 문서에 쓴 권리증 (영국, 1813)

...teenth — day of September in the Fifty third year of the reign of our
King George the third and in the year of our Lord One thousand eight —
...irteen **Between** George Hodgson of Bridlington in the County of York —
...son and heir at Law and also a devisee in fee named in the last Will and —
...Hodgson late of Bridlington aforesaid Merchant deceased) of the one part and
...on of Bridlington Key in the Parish of Bridlington aforesaid Surgeon and —
...n of the Sum of Five Shillings of lawful money of Great Britain to the said
...son at or before the sealing and delivery hereof the receipt whereof is hereby
...and by these presents **Doth** bargain and sell unto the said John Champion
...r Dwellinghouse with the outbuildings yard and appurtenances thereunto belonging
...yard on or towards the North upon a Dwellinghouse house and premises of Mr John
...or towards the West and upon a Walk called the Parade on or towards the South
...se of the Well in the said open yard **And also** full and free liberty of ingress
...Horses for the owners and occupiers of the said Messuage or Dwellinghouse and
...open yard to and from the said Street called Garrison Street **Together** with
...cisterns pumps pipes of Wood or Lead ways easements waters watercourses
...ments and appurtenances whatsoever to the said Messuage Tenement or —
...and intended to be hereby bargained and sold — belonging or in any wise —
...upied possessed or enjoyed or accepted reputed deemed taken or known
...version and Reversions Remainder and Remainders yearly and other rents
...the said Messuage Tenement or Dwellinghouse hereditaments and all and —
...reby bargained and sold or intended so to be with their and every of their —
...s and assigns from the day next before the day of the date hereof for and during
...wsuing and fully to be compleat and ended **Yielding and paying** therefore
...is or assigns the rent of one pepper Corn if the same shall be lawfully demanded
...for transferring of uses into possession the said John Champion may be in
...mises hereby bargained and sold or intended so to be with the appurtenances
...version freehold and Inheritance thereof to him and his heirs To such —
...ture already prepared and intended to bear date the day next after the —
...id George Hodgson of the first part the said John Champion of the second —
...e part **In Witness** whereof the said parties to these presents have set

『도전』: 비타 색빌웨스트의 자필 원고

영국 작가 버지니아 울프Virginia Wolf와 동료 작가 비타 색빌웨스트Vita Sackville-West와의 관계를 입증하는 자료는 많다. 500통이 넘는 두 사람의 러브레터는 2001년에 『비타 색빌웨스트가 버지니아 울프에게 보낸 편지들』이라는 제목으로 출간되기도 했다. 차냐 버튼 감독의 영화 《비타 앤 버지니아Vita & Virginia》(2019)는 이 책을 원작으로 삼고 있다. (비타 색빌웨스트는 버지니아 울프의 소설 『올랜도』의 모델로도 알려져 있다.*) 영화는 아일랜드의 여러 장소에서 촬영되었지만 두 작가가 20-30대에 거주한 런던의 타운하우스와 웅장한 영국 저택을 재현해 냈다.

이 영화에는 당연히 그래픽이 많을 수밖에 없었다. 두 주인공은 '자기만의 방'(버지니아 울프가 발표한 동명의 저술이 있다*)을 가진 작가이며, 울프의 경우 출판사를 소유하기도 했다. 그녀는 남편 레너드와 호가트 프레스라는 출판사를 설립했다. 인쇄는 원래부터 울프 부부의 취미였다. 그들은 자기 집 식당에 첫 번째 인쇄기를 설치했고 버지니아는 책을 집필하던 중에도 기분 전환 삼아 책을 손수 인쇄했다. 현재 런던의 태비스톡 스퀘어에 있는 호가트 프레스는 1946년에 색빌웨스트의 저술 세 권을 포함하여 527권의 책을 발행했다.

《비타 앤 버지니아》의 실내 세트는 대부분 편지와 책, 원고 더미로 꾸며야 했다. 운이 좋게도 우리는 영화 아트워크 조사 초기에 뉴욕의 돕킨 가족 페미니즘 컬렉션을 알게 되었다. 그곳의 기록 보관인들은 (대개 타자기로 친) 발행인의 초고가 아니라 (대개 손으로 쓴) 집필 원고인 『도전Challenge』을 포함하여 색빌웨스트의 개인 문서 스캔본을 제공하는 등 아낌없는 도움을 주었다.

이런 원고를 보면 인간미가 느껴지는 소품을 만들 때의 조사 과정이 얼마나 소중한지를 새삼 느끼게 된다. 언뜻 비타가 타자로 친 흑백 문서를 떠올리기 쉽지만 실제로 빨간 벽돌색으로 레터링된 그녀의 자필 원고를 보고 있자면 학생들이 수업 시간에 빼곡하게 낙서한 교과서가 떠오른다. 색빌웨스트는 훌륭하고 시적인 작가였지만 자기 회의에 사로잡혀 있었다. 영화는 당시 여성 작가들이 직면한 도전들을 조명했다. 훨씬 더 자주 회자되는 버지니아 울프의 슬프기 그지없는 우발적인 자살보다 그녀의 일생과 사랑을 조사하는 과정이야말로 진정한 교육이었다.

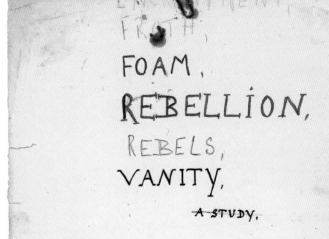

FOAM,

REBELLION,

REBELS,

VANITY,

A STUDY,

DEDICATED, WITH GRATITUDE FOR MUCH EXCELLENT
COPY,

TO
THE ORIGINAL OF EVE.

Βῆ δἐιενι κουενὰ ελσυμνητῆς, ςοικἱὖς
Πεℜτον ὃπηνήτη, ὅτε δὴ χλειςοτατε ἤθη.

REBELLION.

"Stormy Weather."
Lena Horne, Bill Robinson,
Cab Calloway & his Band,
Fats Waller, the Nicholas Brothers.

With Frank Zellous of Highgate
and Stan Norman of Ealing
on 5/2/44.

VENDREDI   SOIREE 9.30
CINÉMA ROYAL
Faut. de Balcon   P.T. 7
Taxe Gouvernementale ...... » 1,5
Taxe de Bienfaisance .... » 0,5
Nº 19920   'Tout billet détaché n'est pas remboursable

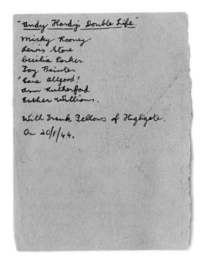

영화표 (이집트 카이로, 1940년대 초반)

 내 소형 인쇄물 모음은 전체적으로 봤을 때는 그다지 아름답지 않다. 특정 시점에 한두 가지 소품에 정보를 줄 수 있는 일상적인 소형 인쇄물 단편 모음에 가깝다. 1940년대 카이로에서 사용된 이 영화표는 당시 영화표 조각의 표준 레이아웃을 따르고 있다. 영화관 이름, 날짜, 좌석 번호, 그리고 가격이 모두 인쇄되어 있고 도장도 찍혀 있지만 영화 제목이 보이지 않는다. 하지만 이 영화표의 주인인 여성은 표마다 뒷면에다 함께 영화를 본 사람과 영화 제목을 정성껏 써 놓았다. 이를테면 "《앤디 하디의 이중생활》, 하이게이트의 프랭크 펠로우즈와 함께", "《험상궂은 날씨》, 펠로우즈와 일링의 스탠 노먼과 함께" 등의 식이다.

내가 아는 사람은 아니지만 누군가의 삶의 단편을 손에 쥐고 있다는 느낌은 재미있다. 게다가 '이런 물건 뒤에는 무엇을 넣을 것인가?'라는 모든 세트 데코레이터의 질문에 답할 수 있는 훌륭한 참고 자료가 되어 준다. 영화 소품의 앞면은 언제나 매우 세심하게 디자인되지만 배우가 소품을 카메라 쪽으로 들고 살펴볼 때 실제로 관객을 향해 보이는 것은 대개 그래픽의 뒷면이다.

R.M.S. 'TITANIC'.
GENERAL ARRANGEMENT (AS FITTED)
PROFILE FORWARD.
SCALE:- ⅛INCH ONE FOOT.

네 개의 굴뚝이 작동하는 RMS 타이타닉 호 ←←

1900년대 초반의 북아일랜드 수도 벨파스트를 주요 무대로 삼은 캐나다의 텔레비전 시리즈 《타이타닉: 블러드 앤 스틸Titanic: Blood and Steel》(2012)은 타이타닉 호의 빙산 충돌보다는 선박의 건조 과정을 다루었다. 드라마의 주요 세트 중 하나는 조선 회사 할랜드 & 울프의 제도실이다. 내가 맡은 중대한 임무 중 한 가지는 제도사 역을 맡은 배우들이 그들의 책상에서 작업할 미완성 건조 계획을 제공하는 것이었다.

이런 경우라면 완전히 새로운 계획을 세우려고 애써 봐야 부질없다. 여러 명의 전문 제도사로 구성된 팀도 몇 달이 걸렸을 일을 비전문가인 우리들이 겨우 5주 안에 끝내야 했기 때문이다. 실제 제도를 사용할 수 있는 허가를 구하는 편이 현실적이었다. 하지만 저작권 소유자들은 우리의 요청에 답이 없었다. 결국 나는 스코틀랜드로 날아가 글래스고 대학교 도서관을 방문했다. 그곳에서 RMS 루시타니아 호의 계획서 원본을 살펴볼 수 있었다. 할랜드 & 울프의 경쟁사였던 존 브라운 & 컴퍼니가 설계한 루시타니아 호는 선박의 규모와 운명이 비슷하다는 이유로 타이타닉 호의 자매선으로 여겨지기도 한다. 루시타니아 호는 타이타닉 호가 빙산과 충돌하고 3년이 지난 1915년에 아일랜드 남쪽 해안 앞바다에서 독일의 잠수함 U보트에게 격침당했다. 배에 타고 있던 1천200명의 승객과 승무원 대부분은 구조를 기다리는 동안 익사했다.

글래스고 대학교 자료 보관실의 도움으로 소액의 요금만 지불하고 제도를 우리 프로그램에 맞게 변경할 수 있었다. 내가 도서관에 도착했을 때 조명이 희미한 방에서 계획서를 들고 나를 기다렸던 기록 보관인은 내가 하루 종일 문서들을 살펴볼

수 있도록 흰 장갑을 건넸다. 모든 계획서가 아름다워서 제도실 세트를 장식할 계획서를 스무 장 가까이나 스캔했다.

우리는 에어브러시로 RMS 루시타니아라는 이름을 지운 다음에 그 자리에 R.M.S. 타이타닉이라는 단어를 손으로 그려 넣고 아무도 모를 것이라 생각했다. 우리가 무전을 받은 것은 카메라가 돌아가기 직전이었다. 한 무대 담당자가 실제 타이타닉 호에는 작동하는 굴뚝이 세 개인데 이 선박은 네 개처럼 보인다고 지적했다. 1900년대 초반에 배에 있는 굴뚝은 속도와 안전의 상징이었다. 타이타닉 호를 만든 화이트 스타 라인은 자사의 최신 원양 여객선이 적어도 외관에서는 경쟁사를 압도할 수 있기를 원했다. 사실 타이타닉의 네 번째 굴뚝은 1등 칸 흡연실이 자리한 모조 굴뚝이었다. 카메라가 제도를 오래 비추어 우리의 실수가 발견될 가능성은 희박했지만 프로덕션 디자이너는 결국 이 굴뚝을 없애기로 결정했다.

공상 과학물 도상 스케치

아직 일어나지 않은 시대의 소품을 제작할 때는 어떻게 조사할까? 두 세기 이후의 미래를 배경으로 하는 우주선이 등장하는 공상 과학 영화에 잠시 참여한 적이 있었다. 우주선에는 정보를 제시하는 대화식 스크린은 물론이고 온갖 방향 표시가 필요했다. 나는 본능적으로 현재 우리가 주머니에 늘 넣고 다니는 스마트폰의 디자인을 연구해야겠다고 생각했다(이것이 미래가 아닐까?) 하지만 프로덕션 디자이너는 그것보다는 항해 표지를 더 단순하게 만들라고 제안했다. 오래전 영화에서 볼 수 있는 상징주의에 보다 가까웠다. 1970년대는 공상과학물의 황금기였다. 관객들도 여전히 현대 애플에서 만든 제품의 형태와 비

슷한 것보다는 그 시대의 공상 과학물 디자인을 구입할 것이다. 그러나 우리가 작업을 진행하던 도중에 영화 자금이 바닥나는 바람에 모든 제작 작업이 중단되었다. 이후 다른 제작사가 각본을 매입하여 미국에서 완전히 새로운 출연진과 제작진으로 영화를 완성했다.

AIRLOCK

ARTIFICIAL
GRAVITY AREA

ARTIFICIAL
GRAVITY ABSENT

AXE

BRIDGE

CARGO
STOWAGE

COMM
CENTRE

COMMAND
DECK

CUSTOMER
HELPLINE

DECK Nº

ELEVATORS

EMERGENCY
MANUALS

FACE
MASKS

FIRE
EXTINGUISHERS

FIREWALL

HAZARDOUS
AREA

INFOMAT

INTERSTELLAR
MESSAGING

OBSERVATORY

RUSSIAN
LESSONS

CHAPTER 3

주브로브카 공화국

작센 주 동부의 도시 괴를리츠Görlitz는 독일 동단의 국경과 매우 가까웠다. 실제로 그런 적은 거의 없었지만 《그랜드 부다페스트 호텔》의 제작 기간 동안 우리 영화 제작진들은 나무로 만들어진 인도교를 걸어서 넘어 폴란드에서 점심을 먹을 수 있었다. 하지만 겨울이 끝나기 전에 괴를리츠를 웨스 앤더슨이 창조한 가상의 나라 주브로브카 공화국으로 바꿔야 했기 때문에 낭만을 즐기기에는 시간이 너무 촉박했다.

2012년 9월 하순에 베를린에 위치한 스튜디오 바벨스베르크에서 《그랜드 부다페스트 호텔》의 제작을 시작할 무렵에는 감독 웨스 앤더슨과 함께 괴를리츠로 떠날 제작진과 스튜디오에 잔류할 제작진이 완전히 확정되지 않았다. 나는 미술부는 잔류하고 촬영 팀과 일부 부서장들만 촬영지로 떠날 것이라고 생각했다. 그래픽 디자이너는 (영화에 필요한 소품 재료를 제공해 줄) 공급업체와 가까운 도시에 머무는 쪽이 더 쓸모 있을 것 같았기 때문이다. 일반적으로 그래픽 디자이너는 세트 근처에 머물 필요가 없다. 하지만 베를린에서 보낸 첫 달이 끝날 무렵 우리는 제작사로부터 프로젝트가 진행되는 동안 모든 제작진이 짐을 싸서 동부로 떠나게 된다는 메모를 받았다. 출연진은 물론이고 모든 제작진이, 한 사람도 빠짐없이, 괴를리츠에서 겨울을 보내며 상주할 예정이었다.

괴를리츠는 제2차 세계대전 동안 폭격 피해를 겪지 않아서 아름다운 아르데코art deco(1920-1930년대의 장식적인 디자인*) 건축물이 건재한 도시였다. 프로덕션 디자이너 애덤 스톡하우젠은 규모는 크지만 노후화된 한 백화점을 그랜드 부다페스트 호텔 내부로 바꿀 계획을 세웠다. 우리 팀도 그 건물 안에 자리 잡을 참이었다. 근무지로 삼기에는 이상한 곳이었다. 미술부는 위층에 자리 잡았고, 영화 촬영은 저층에서 진행되었다. 우리는 보통의 2층보다는 낮지만 단층보다는 높게 지어진 이 건물의 중이층 구조 덕분에 일하면서 촬영 장면을 내려다볼 수 있었다. 아래에서 경찰 추격 신을 촬영할 때 나는 총소리를 들으면서 위에서 가짜 지문 표본을 만들고 있자면 야릇한 생동감과 더불어 완벽한 비현실감이 느껴졌다.

주브로브카 공화국은 웨스 앤더슨이 창조한 가상의 세계다. 따라서 실존하는 나라를 배경으로 삼는 스토리와 달리 특정 국가에서 발행한 문서의 복사본을 제작할 수 없었다. 대개는 깃발, 여권, 문장紋章, 소인, 지폐 등을 수집해서 세정하고 복제하지만 《그랜드 부다페스트 호텔》의 경우 각본에 클루벡Klubeck(역시 가상의 화폐다)을 주브로브카의 공식 통화라고 밝히고 있는 터라 우리는 완전히 아무것도 없는 상태에서 클루벡을 디자인해야 했다.

이 같은 스토리에 필요한 원본 자료의 양은 실로 어마어마하다. 각본을 읽자마자 나는 영화에 필요한 모든 그래픽 소품을 혼자 제작할 수는 없다고 판단했다. 시나리오에서 대강 설명한 그래픽 소품 외에도 세트 데코레이터 안나 핀녹크Anna Pinnock에게도 (우리에게 전해

질) 사무 서류와 호텔 숙박부, 나무틀을 위한 형판 등 배경 장식에 필요한 그래픽 목록이 더 있었다. 각본에서는 반드시 언급되어 있을 필요는 없으나 촬영에서는 없어서는 안 될 물건들이다. 우리가 당장 다음 몇 주 동안 디자인해서 제작해야 할 소품이 거의 400가지에 달했다. 보조 그래픽 디자이너가 반드시 필요했는데, 때마침 릴리아나 람브리에브를 찾은 일은 행운이었다. 그녀는 독일과 가상의 세계가 배경인 온갖 유형의 시대극 영화에서 작업한 경력이 있었다. 괴를리츠에서 처음 일한 날 우리는 어시스턴트들과 백화점 5층에 아담한 그래픽 작업실을 마련해 당장 작업을 시작했다.

웨스 앤더슨 감독의 영화에 사용될 디자인을 만드는 작업은 유쾌했다. 내가 독창적인 영화감독의 작업에 참여한 것은 그때가 처음이었고 그의 아이디어를 유형의 물체로 바꾸는 일은 영광이자 도전이었다. 우리는 역사를 참고로 삼아 모든 소품을 제작하기 시작했지만 카메라와 스토리, 그리고 웨스 앤더슨의 시각적 스타일에 어울리게 발전시켜야 했다. 그는 우리가 만든 소품을 모두 실험했을 뿐만 아니라 그것이 과거의 동부 유럽과 과장된 가상의 세계 주브로브카와 적절히 균형을 맞출 때까지 소품 디자인을 계속 수정했다. 미술부는 다른 영화들과 비교하여 개개의 소품 개발에 더 많은 시간을 투자했으나 다행히 준비 기간도 더 넉넉했다. 나는 영화 촬영을 시작하기 3개월 전에 프로젝트에 착수했는데, 그간 내게 익숙했던 촬영 시작 6주 전 합류에 비하면 정말 호사처럼 보였다.

얼마가 지나자 이 외딴 도시에서 겨울을 보내는 것이 예술을 모방한 생활처럼 느껴졌다. 우리는 가상과 실제가 혼합된 세계에서 방랑하는 앤더슨 대가족의 일원이었다. 제작진은 국경 하천이 내려다보이는 호텔에 투숙했는데 독일에서 생활하며 침실 창밖으로는 폴란드를 내다보았다. 이른 아침이면 키 큰 숲을 지나 도시 중심지로 이어지는 길까지 걸어가 작업을 시작했다. 11월 중순 무렵에 첫눈이 내렸다. 12월 초순 무렵에는 첫 크리스마스 시장이 문을 열었다. 토요일 아침 식료품(부엌이 없는 호텔 방에서도 준비해 두었다 먹을 수 있는 냉장 고기와 치즈)을 사러 가서 랄프 파인즈와 빌 머레이 뒤에서 계산을 기다리는 기분은 야릇했다.

우리가 만드는 소품이 많아질수록 미술부가 변모시키는 건물이 더 많아지고, 그만큼 사실과 허구의 경계는 점점 흐릿해졌다. 카메라는 다음 해 1월쯤 돌아갈 예정이었으나 우리는 크리스마스까지 이어지는 몇 주 동안 더욱 열심히 준비했다. 덕분에 크리스마스가 시작되자마자 아일랜드에 있는 내 집으로 날아가 거의 일주일 내내 잠만 잤다. 다시 촬영장으로 돌아가면 작업이 마무리되는 3월 하순까지 힘든 일정을 보내야 한다는 사실을 직감했기 때문이다.

호텔 표지판 레터링 스케치

현대 상업 디자인에서는 기업의 정체성을 일관적으로 유지하는 것이 관행이다. 매장 전면과 웹사이트, 쇼핑백에 찍혀 있는 매장 로고는 정확하게 똑같아 보인다. 일괄적인 그래픽 디자인이다. 하지만 항상 그래 왔던 것은 아니다. 1900년대 초반에 시설물 레터링의 서체는 재료에 따라 달랐다. 철문 위의 이름은 대장장이가 디자인하는 반면에 문구류의 글자체는 인쇄업자가 선택했다. 서체 정보 교환은커녕 서로 다른 영역에서 활동하는 두 장인이 만날 일도 없었을 것이다.

따라서 시대극 영화 제작에 사용할 로고를 그리는 경우 한 디지털 드로잉에서 다음 드로잉으로 레터링을 복사해 붙여서는 그것이 진짜처럼 느껴지기를 기대할 수 없다. 《그랜드 부다페스트 호텔》에서 웨스 앤더슨은 우리에게 언제 어떻게 만들어졌는지에 따라 다른, 다양한 버전의 호텔 로고를 그려 달라고 요청했다. 호텔의 1930년대 문구류에 인쇄된 레터헤드는 손으로 이중선을 그린 서체인 반면 중앙 출입구 위의 이름은 황동으로 형태를 만든 것처럼 둥글고 더욱 풍성한 레터링이다. 전구가 비추는 'HOTEL'의 철자 역시 창문틀의 아치형에 맞춰 디자인되었기 때문에 다른 글자들과 형태가 다르다. 이후 1960년대에는 단순한 산세리프체 대문자들이 공산 시대 지붕 위의 난간을 따라 늘어서 있고 녹색과 노란색 플라스틱 조명 상자가 차일 위의 이름을 비춘다.

'GRAND BUDAPEST'의 레터링 가운데 가장 친숙한 것은 독창적인 1930년대 지붕 위에 있는 호텔 이름이지 않을까. 어떤 사람이 둥근 톱을 작동시키면서 즉흥적으로 디자인한 것처럼 보이는 톱니 같은 산세리프체를 써서 글자들은 모가 나 있다. 'GRAND'의 'A'와 'N' 사이의 공간이 약간 넓은 편이지만 이 불규칙한 간격은 의도되었다. 마치 건물이 생기고 나서 언젠가 글자 하나가 지붕에서 떨어져 호텔 관리인이 사다리를 타고 올라가 다시 붙인 것처럼 보인다.

GRAND BUDAPEST HOTEL

GRAND BUDAPEST
HOTEL

HOTEL

GRAND BUDAPEST

GRAND
BUDAPEST

멘들스 박스

어느 시점에 이르자 《그랜드 부다페스트 호텔》의 1930년대 챕터에는 거의 모든 세트에 분홍색 멘들스 박스가 등장했다. 소품 담당 디렉터 로빈 밀러는 베를린의 상자 전문 제작자의 도움을 받아 수백 개의 조각을 조립한 반면 릴리아나는 스크린 인쇄업자에게 연락해 각 상자에 과자 가게의 표장을 선홍색으로 실크스크린 인쇄했다. 모든 그래픽은 수작업으로 만들었다. 'MENDL'S'라는 단어는 일러스트레이터가 담당했고, 나머지 레터링과 가느다란 줄 세공은 내가 직접 나섰다. 그런데 철자 확인 과정을 세심하게 거치지 않은 바람에 촬영 중반이 되어서야 내가 실수로 'pâtisserie'(파티스리, 제과점이라는 뜻*)라는 단어에 't'를 한 번 더 넣었다는 사실이 발견되었다. 이미 수백 개의 상자를 촬영한 시점에 히어로 소품에 이와 같은 심각한 실수가 일어났으니 정말로 난감했다. 그러나 프로듀서들이 포스트 프로덕션에서 관객이 읽을 수 있는 상자만이라도 실수를 수정하기로 결정함으로써

문제를 현실적으로 해결했다.

영화가 개봉되고 몇 달이 지나 이베이에 모조 멘들스 박스가 판매용으로 등장하기 시작했다. 멘들스 박스는 색조가 특이한 빨간색과 분홍색인 데다가 리본의 특정한 질감을 정확히 매치하기가 어렵다. 그러나 이 가운데 일부는 원본과 크게 동떨어지게 보이지 않을 만큼 완성도가 높았다. 하지만 pâtisserie에 t가 몇 개 들어 있는지를 확인한다면, 영화에 실제로 등장한 상자인지 알 수 있을 것이다.

주브로브카의 소인 →→

구스타브(랄프 파인즈 분)가 감옥에 갇혔을 때 감방 동료 루드비히가 자신이 제작했다고 보여 주는 탈옥 지도는 시나리오에 "투박하지만 매우 상세한 평면도"라고 묘사되어 있었다. 구스타브는 지도를 보고 나서 예술성이 다분하다며 그를 칭찬한다. 각본에 주인공이 그래픽 소품에 대한 생각을 표현하는 대사가 나오면, 이는 그것이 클로즈업되어 영화관 화면에 비출 것이라는 확실한 증거다. 영화의 등장인물이 그래픽을 언급하는 일은 매우 드물기 때문이다.

감옥의 외부와 내부는 각각 독일 작센 주의 크리브슈타인Kriebstein과 치타우Zittau 주의 폐 교도소에서 촬영했다. (영화 제작자들이 한 건물의 내부와 외부를 묘사할 때 두 개의 다른 장소를 이용하는 경우는 드물지 않다.) 우리는 야외 촬영 팀이 찍은 두 장소의 사진을 분석하고 각본에서 감옥의 구조와 그것의 희극적인 요소들을 자세히 묘사하는 등장인물의 대사를 따라가며 루드비히가 그린 평면도의 조각을 맞출 수 있었다. 이를테면 봉쇄 장벽 위의 철조망, 모든 문과 환풍구, 창문의 굵은 철봉, 지상의 교도관 일흔두 명과 망루의 열여섯 명, 그리고 악어가 득시글거리는 약 100미터에 달하는 낭떠러지 등.

루드비히의 탈옥 지도는 소포 포장지 조각에 그린 지도처럼 보여야 했기에 미술부는 지도의 뒷면까지 디자인해야 했다. 소포 포장지를 만들어야 한다면 포장 상표도 필요할 것이었다. 또 소포 포장지에는 우편 납부 일부인이 필요하고 우편 납부 일부인에는 소인이 필요할 것이었다. 마지막으로 가상의 제국을 위한 소인에는 가상의 황제도 필요하다. 주브로브카의 황제는 어떻게 생겼을까? 시나리오에서는 한 번도 언급되지 않았어도 어쨌든 황제는 존재해야 했다. 일러스트레이터 잰 제리코Jan Jericho가 (고증 과정을 거쳐) 콧수염을 길게 기른 독일 대통령 파울 폰 힌덴부르크의 낡은 사진에서 영감을 얻어 나무 도장에 이미지를 조각했다.

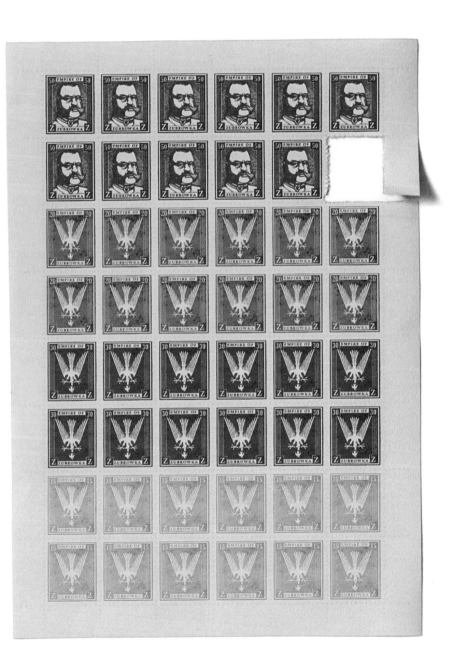

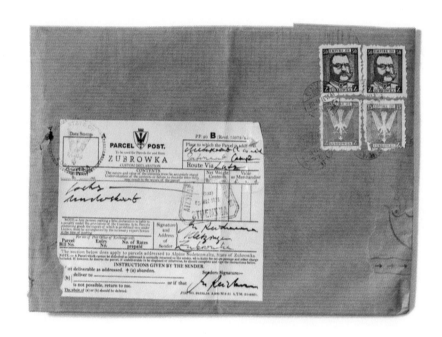

루드비히의 탈옥 지도 (접음)

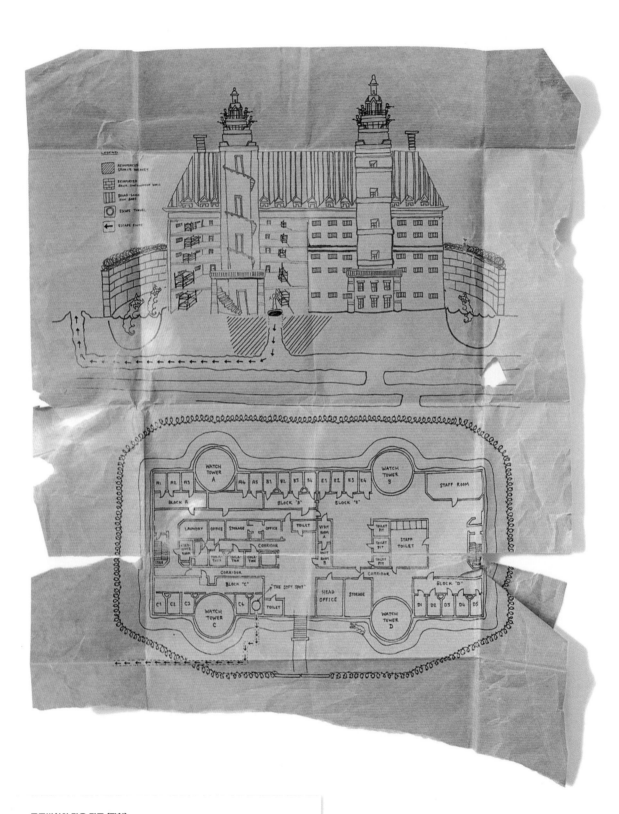

루드비히의 탈옥 지도 (펼침)

열쇠고리 디자인 스케치

수하물 꼬리표

《그랜드 부다페스트 호텔》에는 주요 무대인 그랜드 부다페스트 호텔 외에도 다섯 개의 다른 대형 호텔이 등장한다. 리츠 임페리얼Ritz Imperial, 샤토 룩스 Chateau Luxe, 오텔 코트 뒤 캅Hotel Côte du Cap, 팔라초 프린시페사Palazzo Principessa, 엑셀시오르 팰리스Excelsior Palace다. 처음에는 마담 D.의 짐에 여행 스티커들이 군데군데 붙어 있는 장면에서 배경으로 보이던 각 호텔은 구스타브가 탈옥한 후 도움을 청하며 십자 열쇠 협회의 컨시어지를 찾아갈 때 클로즈업된다.

1960년대 레스토랑 메뉴 →→

미스터 무스타파가 호텔 레스토랑에서 메뉴를 보며 저녁을 주문할 때, 메뉴판 구석에 〈사과를 든 소년〉이 보인다. 웨스 앤더슨은 영국 화가 마이클 테일러Michael Taylor에게 시나리오에는 "요하네스 반 호이틀 2세의 작품"이라고 쓰인 유화의 원본을 그려 달라고 의뢰했다. 하지만 우리는 레스토랑 메뉴에 들어갈 그림을 〈사과를 든 소년〉의 사진 버전 같은 정밀한 복제품이 아니라 모조품(수채화)처럼 보이게 만들어 달라는 지시를 받았다. 이를테면 노년의 한 호텔 투숙객이 원본에 대한 경의의 뜻으로 그린 그림처럼 말이다. 이런 경우 미술부에서는 특정 화풍을 모방하기보다는 작품을 창작할 사람을 영입하는 편이 효과적일 수 있다. 나는 진정성을 해치지 않기 위해서, 그리고 아트워크를 제작할 시간이 고작 이틀밖에 없어서 예산이 허락하는 작품료에 맞는 사람을 찾았다. 웨일스 스노도니아의 고향 집에 있는 일흔 살의 우리 어머니였다.

Boy with Apple   *Zubrowka*

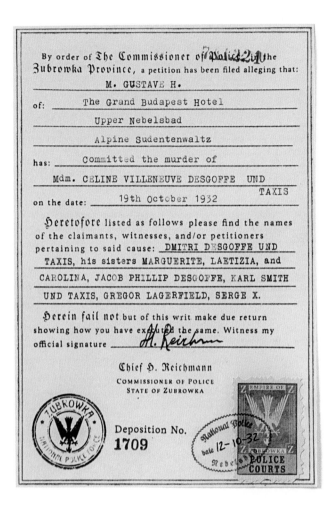

By order of The Commissioner of Police in the
Zubrowka Province, a petition has been filed alleging that:

M. GUSTAVE H.

of: _____ The Grand Budapest Hotel

Upper Nebelsbad

Alpine Sudentenwaltz

has: _____ Committed the murder of

Mdm. CELINE VILLENEUVE DESGOFFE UND
TAXIS
on the date: _____ 19th October 1932

Heretofore listed as follows please find the names
of the claimants, witnesses, and/or petitioners
pertaining to said cause: DMITRI DESGOFFE UND
TAXIS, his sisters MARGUERITE, LAETIZIA, and
CAROLINA, JACOB PHILLIP DESGOFFE, KARL SMITH
UND TAXIS, GREGOR LAGERFIELD, SERGE X.

Herein fail not but of this writ make due return
showing how you have executed the same. Witness my
official signature _____ H. Reichmann

Chief H. Reichmann
COMMISSIONER OF POLICE
STATE OF ZUBROWKA

Deposition No.
1709

EMPIRE OF
POLICE
COURTS

National Police
date 12-10-32
Nebelsbad

구스타브의 증언 조서

아직 베를린에 머물던 제작 초기에 우리는 소품 담당 팀이 빌린 1930년대 타자기를 이용해 몇 가지 견본 서류를 만들었다. 보존 상태는 완벽했으나 크고 묵직한 이 무쇠 타자기(진품 독일 타자기German Adler)는 키를 두드릴 때 나는 소리가 미술부 전체를 방해할 정도로 굉장했다. 일주일 후에 반납할 예정이었으나 결국 괴를리츠까지 가져가게 되었다. 거의 모든 주브로브카의 공식 문서를 작성하기 위해서는 타자기가 꼭 필요했다. 진품만큼 진짜처럼 보이는 디지털 타자기 폰트를 구할 수 없었기 때문이다.

This is the last Will and Testament that I, Madame

Celine Villeneuve Desgoffe und Taxis

a resident and citizen of Lutz, Zubrowka, being of sound mind and disposing memory, do hereby make, publish and declare this document to be my last will and testament hereby revoking any and all wills and codicils by me at any time heretofore made.

I. I anticipate that included as a part of my property and estate at the time of my death will be tangible personal property of various kinds, characters and realms, including jewels and other items accumulated by me during my life.

II. I hereby specifically command my son, Dmitri Desgoffe und Taxis, Desgoffe und Taxis, herein appointed, shall have complete freedom and discretion as to disposal of any and all such property so long as he shall act in good faith and in the best interest of my estate and my beneficiaries, and his discretion so exercised shall not be subject to question by anyone whomsoever with special allowances for his sisters Marguerite, Laetizia, and Carolina.

III. I hereby expressly authorise my Executor and my Trustee, respectively and successively, to permit any beneficiary of any, and all trusts created hereunder to enjoy in specie the use or benefit of any jewellery, chattels, or other tangible personal property (exclusive of choses in action cash, stocks, bonds or other securities) which either my Executor or my Trustees may receive in kind and any Executor and my Trustees shall not be liable for any consumption, damage, injury

to or loss of any tangible property so used, nor shall the beneficiaries of any trusts hereunder or their executor or administrator be liable for any consumption, damage, injury to or loss of any tangible personal property so used.

IV. If I am the owner of any property at the time of my death I instruct and empower only Executor and my Trustee (as the case may be) to hold such real estate for investment as to sell some or any portion thereof as my Executor or only Trustee (as the case may be) shall in his sole judgement determine to be for the best interest of my estate and the beneficiaries thereof.

V. After payment of all debts, expenses and taxes as directed under Item 9 hereof I give devise and bequeath all the rest residue and remainder of my estate including all lapsed legacies and devises and any property over which I have a power of appointment.

VI. If my estate is the beneficiary of any life insurance on any life at the time of my death, I direct that the proceeds there from will be used by my Executor in payment of the debts, expenses and taxes listed in Item 9 of this will, to the extent deemed advisable by the Executor. All such proceeds not so used are to be used by my Executor for the proper of satisfying the devises and bequests contained in

Item IV herein.

Mdm. C.V.D. u. T.

VII. If any ... ... of any life insurance on any life ... listed in Item 9 of this will.

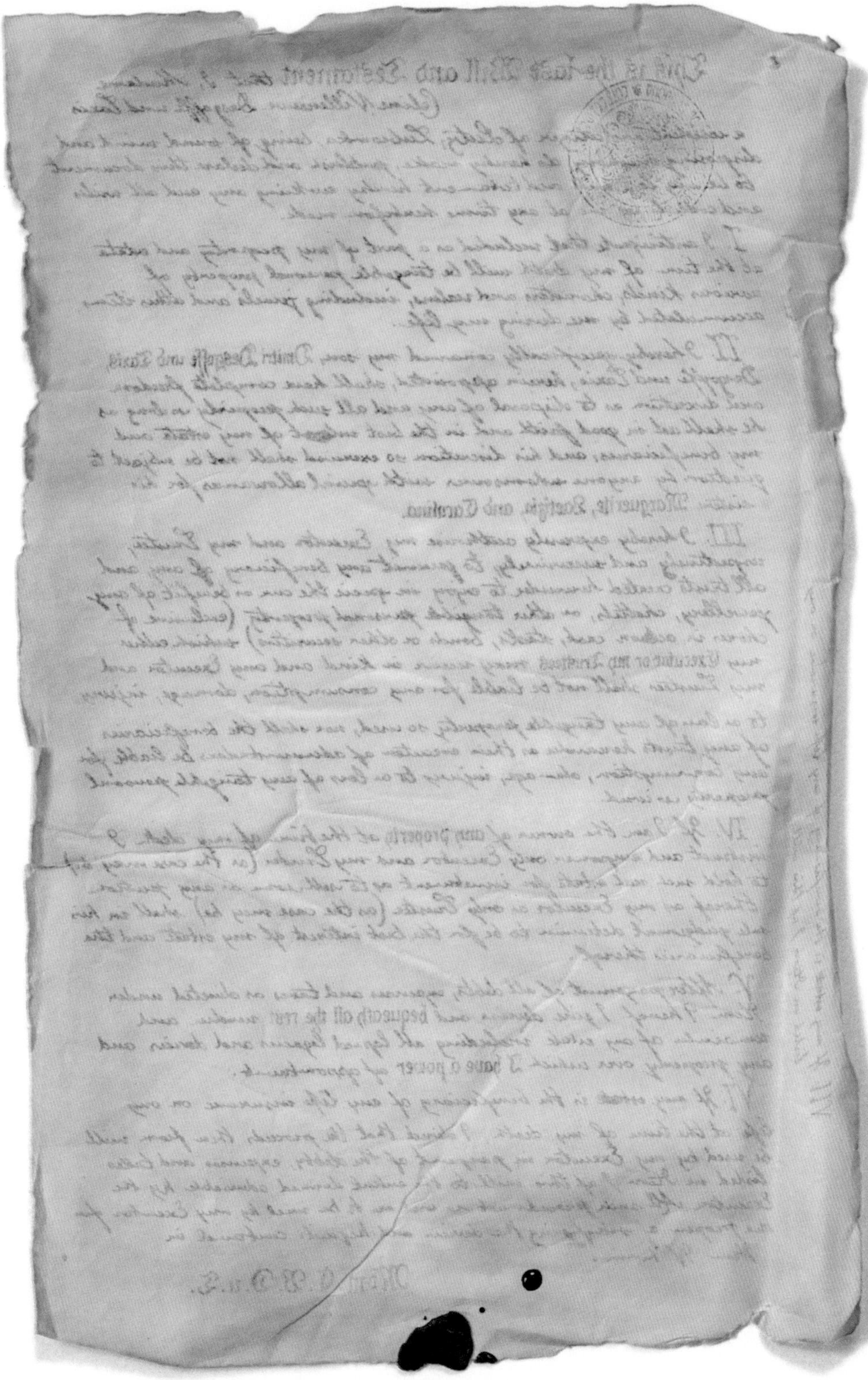

GRAND BUDAPEST

HOTEL

UPPER NEBELSBAD, ALPINE SUDETENWALTZ
ZUBROWKA
TELEGRAM ADDRESS:
GRANDBUDAPEST (NEBELSBAD)
TELEPHONE:
NEBELSBAD 43

For my dearest Gustave

With love,

Madame D.

마담 D.의 유언과 유언장, 마담 D.가 구스타브에게 보내는 메모 ←←

시나리오에 따르면 마담 D.의 유언과 유언장은 그녀의 남편이 사망하기 전에 작
성되었으므로 1886년에 완성된 것이다. 우리는 가장자리가 갈라지고 차 자국이
남는 등, 보기 좋게 노화 작용이 일어나는 부드러운 수제 일본 종이를 이용해 디핑
펜과 세피아 잉크로 글씨를 흘려 씀으로써 46년이 묵은 것처럼 보이게 만들었다.
마담 D.가 구스타브에게 보내는 이별 편지의 하단에 찍힌 입술 자국은 등장인물
의 분홍색 립 컬러와 정확히 일치한다. 마담 D. 역을 맡은 틸다 스윈튼의 메이크업
아티스트에게 그녀가 사용하는 립스틱을 빌렸기 때문이다.

『낭만 시집』(제1권) →→

제과점 점원 아가사를 향한 소년 벨보이 제로의 헌사를 담고 있는 『낭만 시집』은
해당 지면을 클로즈업한 신에 등장하지 않고 스크린의 자막으로 사용되었다. 우
리가 처음 본 그의 손 글씨는 너무나 형식적이었다. 서체 전문가가 공들여 쓴 것
처럼 보였는데 실제로 그랬다! 웨스 앤더슨은 우리에게 제로 역을 맡은 배우 토
니 레볼로리에게 디핑 펜과 잉크 사용법을 가르쳐 주고 서체 전문가의 글씨를 베
껴 쓰게 하되, 보다 자연스러운 느낌이 나도록 자나 괘선지를 사용하지 말 것을
제안했다. 그 결과 얻은 글씨체는 정말로 등장인물이 쓴 것처럼 보였다. 우리는
소용돌이치고 구불구불한 글씨 모양을 그대로 보존하려고 신경 쓰면서 이를 시
집에 베껴 썼다.

For my dearest darling
treasured cherished
Agatha
whom I worship
With respect, adoration,
admiration, Kisses, gratitude,
best wishes
and love From

Z to A

J. G. Jopling, Esq.
PRIVATE INQUIRY AGENT

조플링의 명함

마담 D.의 아들 드미트리의 하수인인 조플링의 명함은 검은색 잉크로 단순하게 활자를 인쇄했으며 글자는 작은 포인트 사이즈(포인트로 표현된 명목 활자 크기*)로 적당히 중앙에 배열했다. 1930년대에 독일에서 사용된 카드의 레이아웃을 토대로 만들었지만 여기에는 연락 정보를 자세히 싣지 않았다. 일명 '방문 카드'라고 알려진 이 카드는 상류 사회로 신분이 상승될 경우에 친구와 지인의 집을 방문하는 사회적 의식에서 소품으로 사용되었다고 한다. 문이 열리고 방문 카드를 건네면 하인이 은쟁반에 담아 주인에게 갖다 준다. 주인이 집에 있으면 만나러 내려 올 것이다. 집에 있지만 방문객을 맞이하고 싶지 않으면 자신의 카드를 쟁반에 담아 보낸다. 집에 있지만 방문객을 맞이하고 싶지 않고 게다가 그가 다시 방문하기를 바라지 않으면 자신의 카드를 봉투에 담아 보낸다. 간접적인 표현의 거절이다.

《트랜스알파인 요들》

소년 벨보이 제로가 신문 가판대에서 그날 호텔에 비치할 신문들을 구입하는 숏은 두 개의 대담한 포스터로 구성된다. 각 포스터의 바탕은 목판 인쇄한 밝은색 게시판으로 1900년대 최신 머리기사들이 담겨 있다. 《트랜스알파인 요들Trans-Alpine Yodel》은 주브로브카의 기록지로, 전국 각지의 모든 뉴스를 두 가지 일간 판본에 싣는다.

보도 포스터

TWO
DAILY
EDITIONS

Trans-Alpine

MORNING EDITION **Yodel**

경찰 보고서

마담 D.의 변호사 코박스가 남긴 여섯 개의 지문이 담긴 경찰 보고서는 1930년대의 실제 경찰 보고서에서 탄생했다. 하지만 보고서 양식은 각본에 쓰인 여러 사건에 맞춰 진화해 나가면서 점점 희극적으로 바뀌었다. 문서에 찍힌 지문이 여섯 개인 것은 코박스가 세게 닫히는 문 때문에 손가락 네 개를 잃었기 때문이다. 또 지문이 지나치게 커 보일 수도 있으나 코박스 역을 맡은 배우 제프 골드브럼의 실제 지문이다. (그의 키는 무려 194센티미터다!*)

Police Report

£ 36652 A
Date 23 OCTOBER
Compiled by A H

MURDER

1. Victim DEPUTY KOVACS	2. Nature of Incident MURDER	3. Place of Incident KUNSTMUSEUM LUTZ
5. Time 7.15	UNKNOWN	6. Other notes NONE

Severe contusions to head and chest.
Excessive loss of blood. Severing of
all fingers on right hand. Fingers them-
selves not yet located and believed to
have been deliberately removed (possibly by
killer). Very little indication of struggle.
Wrongful death. Body discovered in Egyptian
wing deep storage vaults. Kunstmuseum
archives. Immediately transferred to Lutz
morgue for full autopsy.

LEFT HAND

RIGHT HAND

『그랜드 부다페스트 호텔』

《그랜드 부다페스트 호텔》과 동명인 이 분홍색 책은 내가 작업한 모든 소품 가운데 가장 아끼는 것이다. 영화 제목과 동일한 아트워크를 만드는 경우가 매우 드물어서일 뿐만 아니라, 영화의 시작과 끝을 장식하는 소품이었기 때문이다. 이 두 신은 같은 날에 촬영되었다. 괴를리츠에 머물던 마지막 날인 3월 하순의 어느 흐린 토요일이었다. 이날 우리는 작업실을 정리할(도구를 치우고 모든 물건을 분류해서 상자에 담을) 계획이었으나 이내 계획을 포기했다. 대신 영화의 마지막 테이크를 지켜보고 '끝'을 알리는 감독의 목소리를 듣기 위해 다 함께 세트로 내려갔다.

CHAPTER 4

콘티뉴이티

콘티뉴이티continuity(영화나 텔레비전 드라마의 촬영을 위하여 각본을 바탕으로 필
요한 모든 사항을 기록한 것*)는 영화 제작 과정의 중요한 부분인 동시에 대부분의
영화 제작진이 꼽는 가장 지루한 부분이다. 촬영이 진행되는 매순간의 세부 요소를
꼼꼼히 기록해야 하기 때문이다. 하지만 무언가 차질이 발생하면 이 지루함은 곧장
사라지고 콘티뉴이티의 실수가 돌연 영화에서 가장 매혹적인 요소처럼 보인다.

영화학교 재학 시절의 일이다. 우리는 강의실에서 사막에서 한 쌍의 남녀가 한밤중에 텐트 밖에 앉아 이야기를 나누는 어느 영화의 한 신을 보았다. 영화 제목은 기억나지 않는다. 전후 상황과 관계가 없어서 그다지 인상적이지 않은 장면이었다. 하지만 대화 대신 소품에 집중하라는 교수님의 지시를 받고 신을 다시 보자 새로운 사실이 눈에 띄었다.

몇몇 숏에서는 남자가 사과를 먹고 있었는데, 여자의 리버스 숏reverse shot(두 대의 촬영기가 서로 마주 보는 위치에서 촬영하는 숏*)에서 돌아온 다음에는 사과가 배로 둔갑해 있었다. 그들이 대화를 나누는 동안 사과에서 배로, 혹은 배에서 사과로, 과일이 다섯 번쯤 바뀌었지만 두 사람은 눈앞에서 벌어지는 일에 전혀 혼란스러워하지 않았다. 하지만 우리는 일단 눈에 띈 실수를 도저히 못 본 척할 수 없었다. 비교적 평범했던 대화마저 터무니없는 소리로 들렸다. 너무 당혹스러웠던 기억이다. 이렇게 빤한 실수가 어떻게 감수를 통과할 수 있었을까? 감독이나 미술부, 제작진은 이를 알아차리지 못했을까? 남자 배우는 처음에는 사과를 집었다가 다음 순간 배를 집으면서 자신이 엉뚱한 소품을 먹고 있다는 사실을 정말로 깨닫지 못했을까?

그런데… 내가 다년간 여러 영화와 드라마 제작에 참여하면서 이런저런 콘티뉴이티 실수를 저지르고 나니 이제 비로소 이해가 된다. 이런 실수가 발생할 수 있는 이유는 무수히 많지만 가장 논리적인 이유를 들자면 재촬영 때문이다. 이를테면 촬영이 끝나고 몇 달이 지난 후에 감독이 편집실에서 그 신을 보는데 대사 한 줄이 마음에 들지 않는다. 고민 끝에 그는 결국 제작진을 대동하고 사막까지 가서 대화를 다시 촬영하기로 결정한다(물론 경솔한 결정이 아니다). 문제는 이미 1년 전에 끝난 촬영이라는 데 있다. 콘티 노트에는 '배우가 과일을 먹는다'라고 단순하게 적혀 있다. 문제의 배우가 이 역할을 연기한 이후에 먹은 과일은 족히 100여 개에 이른다. 당연히 사과는커녕 자신이 과일을 먹었다는 사실조차 기억하지 못한다. 어쨌거나 감독은 재촬영 후에 편집실을 다시 찾았다. 이제야 대화가 마음에 든다. 그런데 원래 숏 중에서 절반은 그대로 쓰고 싶다. 머지않아 우스꽝스러운 상황이 벌어지겠지만 감독은 소품보다는 연기가 우선이라고 생각한다. 몇 년이 지나 스무 명의 영화학도에게 이 신을 보여 주었을 때 아무도 눈치채지 못할 것이라고 믿었던 셈이다.

콘티뉴이티, 즉 '연결되는 세부 요소의 유지'는 영화 제작 과정의 중요한 부분이며 아마 가장 지루한 부분일 것이다. 노트에다 등장인물의 연기는 물론이고 모든 소품과 세트에 관해 상세하게 적고, 각본 기록 감독이 관리한다. 배우가 담배 한 모금을 피는 것이 첫 대사를 시작하기 전인가 아니면 후인가? 담배 연기를 내뿜는가 아니면 입에 머금는가? 담뱃갑이 숏 안에 들어오는가? 어떤 브랜드를 피우는가? 그녀가 담배를 끌 무렵에 타고 남은 초의 높이는 어느 정도인가? 이런 세부 사항들은 차질이 발생하기 전까지는 지루하기 짝이 없다. 그러나 관객이 영화의 마법에서 풀려나면 콘티뉴이티가 돌연 영화 전체에서 가장 매혹적인 요소로 둔갑할 수 있다.

미술부는 대본을 읽을 때부터 시작해서 우리가 만든 소품이 세트에 놓이기 전까지 콘티뉴이티를 책임진다. 어떤 작업에서든 그래픽 디자이너가 작업실에 도착하자마자 가장 먼저 하는 일은 출력한 시나리오를 들고 자리에 앉는 일이다. 그다음에 형광펜을 들고 시나리오를 통독하면서 모든 소품과 무대 장치, 혹은 그래픽 팀이 담당할 장식들을 표시한다. 지도나 메뉴처럼 눈에 잘 띄는 물건인 경우도 있으나 그렇지 않은 경우도 있다. 한 등장인물이 손수건을 꺼내 다른 등장인물의 눈물을 닦아 주는 신이 있다면 맞춤 주문한 무늬가 필요한 손수건인지, 만일 그렇다면 그래픽 팀이나 의상 팀에서 그것을 준비해야 하는지를 일일이 확인해야 한다. 여러 부서 사이에서 이따금 존재하는 회색 지역은 항상 형광펜으로 표시하고 물음표를 달아 둔다. 각본에서 읽은 기억이 전혀 없는 소품 때문에 세트 데코레이터가 화를 내는 상황이 벌어지지 않도록 모든 가능성을 기록하는 편이 낫기 때문이다.

대개는 대사에 숨겨져 있지만 세트 그래픽에 유용할 수 있는 이름이나 문구 또한 각본에 형광펜으로 표시한다. 이를테면 《박스트롤》에서 에그는 위니에게 어디 가면 레드햇 박멸 회사를 찾을 수 있느냐고 묻는다. 위니는 에그에게 커즈 웨이에서 영업한다고 답한 다음 머리 위의 도로 표지판을 가리키며 "우유가 그걸로 바뀐다"라는 농담을 한다. 사실 그래픽 팀은 이런 대화를 놓치기 쉽다. 함께 일했던 소품 담당 디렉터는 안타깝다는 듯이 머리를 가로저으며 "미술부에는 대사를 읽는 사람이 없다"라고 했다. 변명하자면 우리는 우리가 원래 관심을 가져야 할 소품을 중심으로 각본을 읽는 데 익숙하다. 스토리보다는 끊임없는 지시의 흐름이라 생각하며 각본을 읽을 수도 있다. 예를 들어 신 제목에 '사무실'이라는 단어만 나와도 나는 언제나 그 자리에서 멈추곤 한다. 이 단계에서 게시판과 책장, 그리고 책상에 무수히 쌓여 있는 문서에 대한 암시가 있는지 샅샅이 살핀다. 반면에 베드 신은 대개 대충 읽는다. 베드 신에서 신문을 꺼내거나 지도를 보는 사람은 없을 테니 말이다.

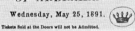

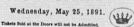

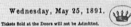

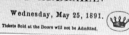

영화표 마흔아홉 장

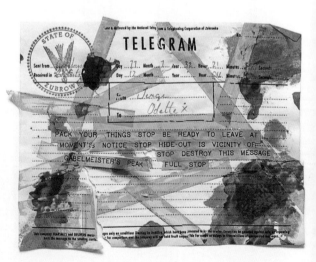

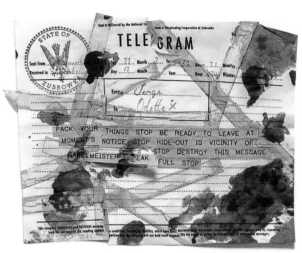

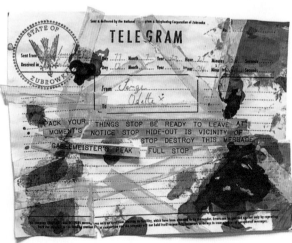

113

노란색 전보 열두 장
《그랜드 부다페스트 호텔》 ←←

그래픽 소품의 재료는 대부분 종이이기 때문에 손상되기 쉽다. 영화 세트는 어둡고 복잡하다. 촛대는 깨끗이 닦을 수 있지만 누군가 소품으로 제작한 전보에 커피를 쏟으면 그것으로 끝장이다. 촬영이 진행되는 동안 우리는 정성껏 준비한 그래픽 소품에 문제가 발생하지 않도록 '리피트repeats', 다시 말해 특정한 종이 소품과 똑같은 여분의 복제품을 만들어 놓는다.

똑같은 리피트를 만들려면 시간과 노력을 들여야 하므로 이 과정을 단축하기 위해 온갖 요령을 동원한다. 예컨대 여행 지도를 찢어야 한다면 리피트를 겹쳐서 한꺼번에 찢음으로써 찢어진 조각이 흩어지지 않도록 한다. 시나리오상 이 노란색 전보 같은 소품이 세월의 풍파를 겪어야 한다면 우리는 물건에 흠집을 내는 소규모 제작 라인을 가동시킨다. 한 사람씩 찢긴 부분과 눌린 부분을 꼼꼼히 살피는 일을 맡는다. 혹은 모든 조각을 다시 붙이거나 피를 묻히기도 한다.

촬영이 끝난 후 파쇄기에서 나온
다양한 색상의 각본

시나리오 작가가 12포인트 쿠리어 뉴Courier New 서체로 타이핑하고 시나리오 집필 소프트웨어가 리딩을 자동으로 포맷하는 것이 업계 표준이다. 고정 폭 간격 폰트인 쿠리어에서 'I'든 'T'든 상관없이 각 글자의 수평 공간은 동일하다. 각본의 한 페이지는 대략 스크린 타임 1분과 맞먹는다. 따라서 시나리오 작가가 쓴 각본이 총 120페이지라면 최종 러닝 타임은 두 시간이 될 것이다. 물론 일부 묘사는 실제 숏보다 길 수 있으며 반대의 경우도 당연히 존재한다. 그런데 신기하게도 어쨌든 결국에는 비슷해진다.

초보들은 각본에 세부적인 메모를 모조리 적어 버리는 실수를 자주 저지른다. 프로그램을 진행하는 과정에서 시나리오 작가가 내용을 바꾸면 제작사의 정확한 지시에 따라서 새로운 각본이 발행된다. "흰색 각본 5-10페이지를 파란색 각본 5-7페이지로 대체할 것. 버리는 종이는 모조리 파쇄할 것." 1차는 흰색(미수정본), 다음으로 파란색, 노란색, 분홍색, 녹색, 골든로드색(나는 값싼 주황색 복사지에 붙인 이 쓸데없이 낭만적인 이름이 좋다), 담황색, 연어살색, 체리색, 그리고 다시 파란색 등 시간 순서에 따라 다른 색의 종이로 수정본이 발행된다. 흰색에 복사해서 혼동이 일어날 경우에 대비하여 아예 지면에 종이 색상을 적어 둔다.

'모든 사람이 같은 각본으로 작업한다'는 문구가 지나치게 호전적으로 보일 수 있으나 이 문구가 새로 만들어진 데는 그만한 이유가 있다. 영화 촬영 작업이 얼마나 혼란스러웠는지는 촬영이 끝나는 순간까지 제작진이 수정한 시나리오로 판단할 수 있다. 대부분 아직 흰색이라면 틀림없이 비교적 단순했을 것이다. 하지만 종이 더미가 무지개 색이라면 그렇지 않았다는 뜻이다.

우리는 대부분 파쇄할 지면에 메모를 적기보다는 우리가 '각본 명세'라고 일컫는 것에 모든 목록을 적는다. 요컨대 이는 우리 부서와 연관된 모든 항목의 상세 메모를 담은 스프레드시트다. 그래픽부에서 이 목록을 제대로 적으려면 적어도 일주일이 걸리기 때문에 요주의 요소인 콘티뉴이티를 포함해 모든 요소를 면밀히 검토한다. 이를테면 각본에 등장인물에게 신분증을 보여 달라고 요청하는 신이 있어서 형광펜으로 표시했다면 그가 내놓는 여권이 앞선 신에서는 등장한 적이 없다고 장담할 수 없다. 어쩌면 이후의 신에서 그가 여행을 준비하며 짐을 꾸릴 때도 여권이 필요할 수 있다. 이런 특정한 신들을 스토리의 순서대로 촬영하지 않을 가능성이 높기 때문에 문제는 더욱 복잡해진다. 각본에 여권이 등장하기 전부터 소품 담당 디렉터가 완성된 여권을 준비해야 할 경우가 있으니 말이다. 조감독이 예비 촬영 일정을 배포할 때까지는 작업 순서를 알 수 없으며 일정이 발표된 후에도 얼마든지 크게 바뀔 수 있다.

9 April 1521.

9 April 1521.

9 April 1521.

9 April 1521.

9 April 1521.

9 April 1521.

9 April 1521.

9 April 1521.

9 April 1521.

9 April 1521.

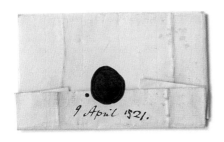

9 April 1521.

9 April 1521.

9 April 1521.

9 April 1521.

9 April 1521.

9 April 1521.

9 April 1521.

9 April 1521.

9 April 1521.

9 April 1521.

러브레터: 콘티뉴이티 리피트
《튜더스》 ←←

각본 분석은 신경 쇠약을 일으키기 마련이다. 스프레드시트를 만들 때마다 나는 앞으로 내가 제작해야 할 새롭고 흥미로운 모든 소품에 대한 기대로 가슴이 설레다가도 결국에는 주어진 기간 내에 어떻게 이 많은 작업을 완수할 것인지, 완수할 수는 있을지를 고민한다. 스토리 순서대로 촬영하는 영화는 매우 드물다. 물론 몇 가지 유명한 예외가 있다. 《E.T.》는 거의 완벽하게 시간 순서대로 촬영되었다고 한다. 스티븐 스필버그 감독이 외계인 친구를 사귀고 그와 작별하는 어린 출연자들의 감정선을 세심하게 표현하고 싶어 했기 때문이다. 또 《샤이닝》은 처음에는 100일 동안 촬영할 예정이었으나 결국 250일이 걸렸다. 스탠리 큐브릭 감독이 촬영을 진행하면서 스토리를 추가하거나 변경하기 위해 시간 순서대로 촬영했기 때문이다.

장비와 조명을 여러 번 설치하는 바람에 영화 제작진이 반복적으로 움직여야 한다면 대개는 비용이나 작업의 효율성이 떨어진다. 조감독이 촬영 장소와 배우들의 일정을 우선시하여 모든 숏의 일정을 정한다. 이를테면 호텔 신은 각본에 어떤 연기가 적혀 있든 몇 주에 걸쳐 연달아 촬영할 것이다. 그다음 제작진 전원이 다른 세트로 장소를 옮겨(단체 이동) 교도소 신을 모두 촬영한다. 스토리의 시간 순서로 보자면 매우 동떨어진 다양한 신을 한데 묶어 촬영하다 보면 당연히 혼란이 일어날 수 있다. 개인적으로 나는 세상의 돈을 전부 준다고 해도 각본 기록 감독이나 조감독은 사절이다.

게다가 장담하건대 조감독이 영화의 일정을 계획할 때 재고하지 않는 한 가지가 있다면 그것은 그래픽 디자인이다. 우리의 자리는 먹이 사슬의 맨 밑바닥에 있다. 나는 내 첫 번째 직장이었던 쇼타임에서 제작한 드라마 《튜더스The Tudors》(2009)의 세 번째 시즌 세트에서 이 사실을 뼈저리게 느꼈다. 당시 나는 촬영에 필요한 고지도를 피지 종이에 평판 인쇄로 해 달라는 주문을 영국에 했지만 마지막 순간에 일정이 바뀌는 바람에 고지도는 제 시간에 촬영 장소인 아일랜드에 도착하지 못했다. 각본에 따르면 헨리 8세가 이 지도를 자세히 들여다보는 것은 그가 프랑스를 침공할 방법을 결정하는 신에서 반드시 필요했다. 돌이켜 생각하면 내가 무엇에 홀려 조감독에게 이 문제를 의논했는지 알 수 없다. 그는 그때 '웨스트민스터 궁전' 세트에서 중세의 떠들썩한 법정 신을 지휘하고 있었다. 나는 피지 종이와 배달원과 평판 인쇄 등과 관련된 상황을 장황하게 설명한 다음 그가 일정을 변경하겠다고 말해 주기를 기다렸다. 물론 그는 그러지 않았다. 나는 조용히 아일랜드에서 무거운 종이에 지도를 인쇄했다. 그리고 다시는 소품 문제로 조감독을 귀찮게 하지 않기로 마음먹었다.

미국 국기 스케치 두 개

리피트, 수많은 테이크, 리버스 숏 등 영화 제작 기술로 말미암아 콘티뉴이티 문제가 발생할 수도 있다. 더욱 구체적으로 말하자면 이로 인해 인터넷 영화 데이터베이스Internet Movie Database, IMDB 실수 모음집에 오를 수 있다. 이 모음집은 영화 관객들이 우리가 저지른 최대의 실수들을 아주 꼼꼼하게 기록한 온라인 동굴이라고 명명할 수 있다. 하지만 나는 이런 실수담을 읽는 일을 무척 좋아한다. 아무것도 바꿀 수 없는 이 시점에 나를 꼼짝달싹할 수 없게 매료시키기 때문이다. 개중에는 지나치게 원칙(벽에 걸린 달력의 요일에 해당하는 정확한 날짜)을 따지는 것도 있고, 명백한 종류의 실수처럼 보이는 것도 있다. 예를 들어 같은 스토리가 전개되는 날에 눈이 내리는 겨울에서 푸르른 여름으로 건너뛰는 것. IMDB 웹사이트의 제출 지침들은 '옥에 티'를 찾는 사람들을 영화 제작자의 예술적 허용을 비판하기(우주 공간에 소리가 없다는 사실은 누구나 안다)보다는 적절하거나 흥미로운 실수들을 찾아내는 방향('이러면 파티에서 만난 사람에게 깊은 인상을 줄 수 있을까?')으로 몰아가려고 한다.

이곳에 등록된 실수들은 대개 1960년에 존재하지 않았던 자동차, 1400년대에 턱 아래에 걸치고 연주한 바이올린(그 시절에는 바이올린을 배에 걸치고 연주했다) 등과 같은 역사적인 오류다. 이런 종류의 지적에는 배울 점이 있다. 앞으로 똑같은 실수를 저지르지 않으려면 한 시간 동안 그런 지적을 꼼꼼히 읽어야 할지도 모른다. 예컨대 나는 미국인이 아니어서 하와이와 알래스카가 편입되기 전인 1957년의 미국 국기의 별 개수를 생각해 본 경험이 없다. 하지만 다음번에는 확실하게 시대에 맞는 국기를 그릴 것이다.

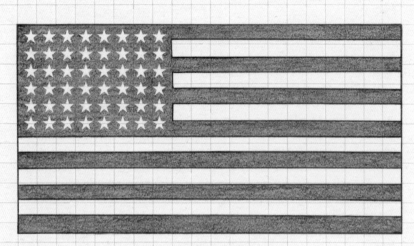

48 STAR FLAG 1912 - 1959

50 STAR FLAG 1960 - PRESENT

NEW
EXPERIMENTS
AND
OBSERVATIONS
OF
COFFEE,
WITH REGARD TO
INFECTIOUS DISEASES
AND THE
PLAGUE.
To which are added
A Remarkable *Observation* of the *Liquor*,
And
An *Examen* of Mr. *William's* Doctrine
about *COFFEE*.

By the Honourable *Mr. Montgomery*, Fellow of
the *ROYAL SOCIETY*.

Whereunto is annexed *A Cure of Distempers*, bestowed
upon the *Royal Society*, by the learned
Dr. M. *Montague*, a *Fellow* of it.

Scientia investigationis fundatur super populum male habentes, et fructum huius fructus.
Cupulus fructus ex arbore.

LONDON.
Printed for *Mr. Galvin*, at the Sign of the Ship
in *St. John's* Church-yard, MDCLXX.

NEW
EXPERIMENTS
AND
OBSERVATIONS
OF
COFFEE,
WITH REGARD TO
INFECTIOUS DISEASES
AND THE
PLAGUE.

To which are added
A Remarkable *Observation* of the *Liquor*,
And
An *Examen* of Mr. *William's* Doctrine
about *COFFEE*.

By the Honourable *Mr. Montgomery*, Fellow of
the *ROYAL SOCIETY*.

Whereunto is annexed *A Cure of Distempers*, bestowed
upon the *Royal Society*, by the learned
Dr. M. *Montague, a Fellow* of it.

Scientia investigationis fundatur super populum male habentes, et fructum huius fructus.
Capulus fructus en arbore.

LONDON.
Printed for *Mr. Galvin*, at the Sign of the Ship
in *St. John's* Church-yard, **MDCLXX.**

NEW
EXPERIMENTS
AND
OBSERVATIONS
OF
COFFEE,
WITH REGARD TO
INFECTIOUS DISEASES
AND THE
PLAGUE.
To which are added
A Remarkable Observation of the Liquor,
And
An Examen of Mr. William's Doctrine
about COFFEE.
By the Honourable Mr. Montgomery, Fellow of
the ROYAL SOCIETY.
Whereunto is annexed A Cure of Distempers, bestowed
upon the Royal Society, by the learned
Dr. M. Montague, a Fellow of it.
Scientia investigationis fundatur super populum male habentes, et fructum huius fructus.
Capulus fructus en arbore.
LONDON.
Printed for Mr. Galvin, at the Sign of the Ship
in St. John's Church-yard, MDCLXX.

NEW
EXPERIMENTS
AND
OBSERVATIONS
OF
COFFEE,
WITH REGARD TO
INFECTIOUS DISEASES
AND THE
PLAGUE.
To which are added
A Remarkable Observation of the Liquor,
And
An Examen of Mr. William's Doctrine
about COFFEE.
By the Honourable Mr. Montgomery, Fellow of
the ROYAL SOCIETY.
Whereunto is annexed A Cure of Distempers, bestowed
upon the Royal Society, by the learned
Dr. M. Montague, a Fellow of it.
Scientia investigationis fundatur super populum male habentes, et fructum huius fructus.
Capulus fructus en arbore.
LONDON.
Printed for Mr. Galvin, at the Sign of the Ship
in St. John's Church-yard, MDCLXX.

NEW
EXPERIMENTS
AND
OBSERVATIONS
OF
COFFEE,
WITH REGARD TO
INFECTIOUS DISEASES
AND THE
PLAGUE.
To which are added
A Remarkable Observation of the Liquor,
And
An Examen of Mr. William's Doctrine
about COFFEE.
By the Honourable Mr. Montgomery, Fellow of
the ROYAL SOCIETY.
Whereunto is annexed A Cure of Distempers, bestowed
upon the Royal Society, by the learned
Dr. M. Montague, a Fellow of it.
Scientia investigationis fundatur super populum male habentes, et fructum huius fructus.
Capulus fructus en arbore.
LONDON.
Printed for Mr. Galvin, at the Sign of the Ship
in St. John's Church-yard, MDCLXX.

봉투 열네 개
《비타 앤 버지니아》

영화의 배경에 쓰일 필사물은 육필로 써서 스캔한 다음 프린터로 복사해서 리피트를 많이 만들고, 군데군데 잉크를 칠함으로써 약간의 광택을 더한다. 히어로 소품이라면 적절한 종이에 잉크로 직접 쓰는 편이 좋다. 배우가 찢거나 연기하는 중에 피가 튀기는 소품처럼 파괴될 운명에 있는 소품이라면 리피트를 스무 개 정도는 만들어야 할 것이다. '파괴되는' 소품이라고 해서 반드시 피가 튀기거나 찢기는 것은 아니다. 대본에 배우가 봉투를 여는 신이 있는 경우에도 리피트가 필요하다.

ROMA
·HOTEL·
HASSIER

Mrs Virginia Woolf
52 Tavistock Square
London W C 1
England

ROMA
·HOTEL·
HASSIER

Mrs Virginia Woolf
52 Tavistock Square
London W C 1
England

ROMA
·HOTEL·
HASSIER

Mrs Virginia Woolf
52 Tavistock Square
London W C 1
England

ROMA
·HOTEL·
HASSIER

Mrs Virginia Woolf
52 Tavistock Square
London W C 1
England

... ...lite Publisher, and I shall get
... ... regrets

HOTEL HASSLER·ROMA

DIRIMPETTO ALLA STAZIONE
COMPLETAMENTE RINNOVATO
ACQUA CORRENTE FREDDA E CALDA
E TELEFONO INTERURBANO IN OGNI CAMERA
GARAGE - AUTOBOX - ASCENSORE
RINOMATO RISTORANTE
PREZZI MODICI

14 April

My darling Virginia,

        Will you come away with me next year?
I don't believe one ever knows people in their
own surroundings. One only knows them away;
divorced from all the little strings and
cobwebs of habit.

        Neither of us is the real, essential person
in these letters. Either I am at home and you
are strange, or you are at home and I am strange.
Here we should both be equally busy and equally
real. Will you come away with me?

        I hope that no one has ever yet, or
ever will, throw down a glove I was not ready
to pick up. You asked me to write a story for
you. On the peaks of mountains, and beside
green lakes, I am writing it for you. I shut
my eyes to the blue of gentians, to the coral
of androsace; I shut my ears to the bowling
of rivers, I shut my nose to the scent of
pines; I concentrate on my story. Perhaps you

믹스 테이프 열두 개

파괴되는 모습을 촬영하는 액션 그래픽으로써, 동일한 레터링으로 필사한 열두
개의 카세트테이프.

124

CHAPTER 5

<u>언어</u>

영화 배경 그래픽에 사용되는 언어는 극적인 효과를 높일 수 있다. 구식 광고 문안
이 특정한 분위기를 조성할 수 있고, 교육용 표지판이 스토리 전개에 효과적일 수도
있다. 심지어 아주 사소한 문법적 요소라도 완전히 다른 시간과 장소를 떠올리게 만
들 수 있다.

역사적인 거리를 담은 사진집은 영화에 사용될 도시의 도로 표지판을 제작하기 위한 훌륭한 자원이 된다. 필립 데이비스의 『잃어버린 런던의 파노라마Panoramas of Lost London』(2011)에 담겨 있는, 누군가 손수 그려서 카페 바깥에 높이 걸어 놓은 표지판 사진에는 둔탁한 대문자로 "뱀장어 스튜와 으깬 감자"라는 광고가 있다. 하지만 풍성한 레터링 철자로 쓰여 가장 눈에 띄는 것은 아랫줄의 "상시 준비"라는 문구다. 그렇다! 당시에 뱀장어는 패스트푸드였다. 1800년대의 핫도그였던 셈이다.

《페니 드레드풀》의 제작 기간 동안 우리 미술부는 현대 더블린을 빅토리아 시대 런던으로 변모시키면서 데이비스의 책을 매뉴얼로 삼았다. 그의 책에 담겨 있는 아름다운 흑백사진은 최고의 시각적 참고 자료였다. 우리는 그의 책에 선명한 포스트잇을 잔뜩 붙여 놓았다. 이와 같은 참고 자료가 없다면 시대에 맞는 광고 문구 떠올리기가 불가능할지도 모른다. "뱀장어 스튜와 으깬 감자"는 충분히 짐작할 수 있겠지만 "상시 준비"라는 문구를 떠올릴 수 있을지는 의문이다.

거리 신을 장식하는 현판식 매장 간판에 몇 가지 적절한 단어를 써넣어 특정 시대의 그림을 그릴 수 있다. 빅토리아 시대에 치과에서 한 "무통 발치" 광고는 지금 시점에서 보자면 과장 광고처럼 미심쩍기 그지없다. 1800년대의 치과 치료는 결코 무통이 아니었다. 당시에 치통은 흔한 질병이었고 충치를 도려내는 것이 일반적인 치통 치료법이었다. 1874년에 설탕세가 폐지되면서 처음으로 노동 계급이 쉽게 사탕을 구할 수 있었다. 하지만 치아는 사탕만큼 저렴하지 않았다. 묘지 도굴꾼들은 자신들이 시체의 턱을 벌려 치아를 뽑으며 길고 추운 밤을 보냈다는 이유로 송곳니와 어금니를 터무니없이 비싼 값에 팔았다. 의족과 안경부터 치아 일습에 이르기까지 "정당하게 얻은 제품"에 한해서 돈을 빌릴 수 있다는 전당포의 경고 문구는 그만큼 지속적으로 절도가 일어났다는 증거였다.

결국 죽음은 누구에게나 찾아온다. 그래서 런던의 한 장의사는 "모든 계급에 어울리는 장례식"이라는 문구로 죽음을 우호적으로 광고했다. 오늘날의 기업이라면 언급하지 않을 사회적 격차를 유쾌하게 인정한 것이다. 빅토리아 시대에 런던 사람들의 평균 기대 수명은 38년 정도로 짧았지만 실상 가난한 가정의 아이들은 운이 좋아야 다섯 살을 넘길 수 있었다. 런던에는 성홍열, 결핵, 콜레라, 천연두가 모두 유행했다. 이때 실시된 다양한 예방책과 치료책에 관한 정보들은 이제 와서 생각하면 전부 미심쩍어 보인다.

세계에서 가장 치명적인 질병 가운데 하나로 손꼽히는 콜레라는 오염된 물로 확산되는 소화 계통의 전염병이다. 하지만 의학적 지식이 없었던 19세기 영국인들은 미신과 추측이 뒤섞인 여러 경로의 오염 과정뿐만 아니라 '공기 냄새'를 통해서도 콜레라가 전염된다고 생각했다. 사람들은 무시무시한 콜레라를 완벽하게 피할 수 있는 방법은 없다고 굳게 믿었다. 런던 빈민가에서 어떻게 '해로운 공기와 두려움'을 피할 수 있었겠는가? 해로운 공기와 두려움은 어디에나 산재했다.

뱀장어 스튜와 으깬 감자: 상시 준비 《페니 드레드풀》

1900년경 런던 울위치 기록 보관소의 사진. 1981년의 동부 런던과 주변 지역의
거리 신을 위한 참고 자료로 사용했다.

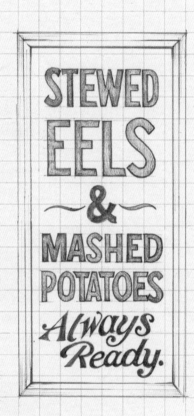

표지판 스케치 《페니 드레드풀》

NOTICE.
PREVENTIVES OF
CHOLERA!
Published by order of the Sanitary Committee, under the sanction of the
Medical Counsel.

DO NOT BREATHE BAD AIR

SLEEP and CLOTHE warm and do not sleep or
sit in a draught of air. Avoid getting wet. Atte-
nd immediately to *All Disorders of the Bowels*.

ABSTAIN FROM FEAR!

PRESERVE A CALM COMPOSURE OF MIND

The Depressing Passion of Fear, when cultivated

EXCITES THE DISEASE.

Medicine and Medical Advice can be had by THE POOR, at all hours of
the day and night, by applying at the Station House.

CALEB S. WOODHULL. *Mayor*

JAMES KELLY, *Chairman of Sanitary Committee.*

거리 포스터: 콜레라!
《페니 드레드풀》

콜레라는 한때 런던 최대의 살인마로 손꼽혔다. 이 질병에 대한 잘못된 정보의 확산은 질병 자체의 확산에 못지않게 위력적이었다. 이 거리 포스터의 문구는 「대중 교육용의 쉽고 실용적인 전염병 콜레라 보고서」를 바꾸어 표현한 것이다. 1932년에 한 의사가 발표한 이 문서는 겁만 먹어도 콜레라에 걸릴 수 있다는 과대망상을 더욱 악화시켰다. 이 의사는 "마음의 평정을 유지하라. 두려움이라는 우울한 감정을 키우면 콜레라를 자극할 수 있다"고 경고하고 있지만 이는 철저하게 구시대적인 그릇된 조언이다. 콜레라는 그의 주장처럼 해로운 공기가 아니라 오염된 음식과 물을 통해 확산되는 것으로 알려져 있다.

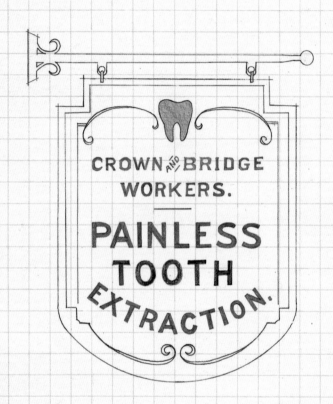

치과 간판 스케치 《페니 드레드풀》

장의사 간판 스케치 《페니 드레드풀》

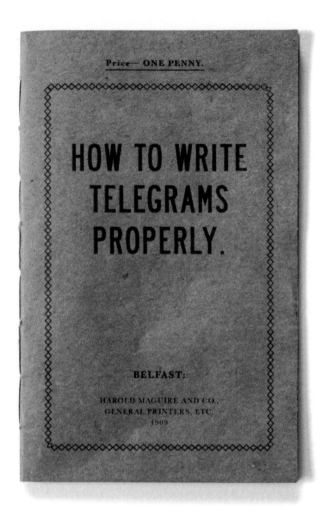

「올바른 전보 작성법」
《타이타닉: 블러드 앤 스틸》

"예상하겠지만 전보에 쓸 말을 선택하려면 어느 정도 고민하고 생각해야 한다. 불필요한 단어를 남발하지 않고 간결한 메시지를 전달하려면 균형을 맞추어야 한다." 전보는 1909년판 트윗이었다. 핵심을 전달하는 훈련인 것이다. 그러나 이 팸플릿에는 이 과정에 무례를 범하지 않는 방법에 대한 조언이 담겨 있다. "'부탁한다'는 말을 지키고 모든 서신에 이 말을 습관적으로 넣자." 1900년대 초반에 영국의 전신국에서 발행한 조언을 바꾸어 표현한 말로, 《타이타닉: 블러드 앤 스틸》에서 책상의 배경 장식으로 만든 소품이다. 사무직원 역할을 맡은 보조 출연자 외에 누군가가 이 소책자를 읽었을 가능성은 희박하지만 어떤 숏이든 간에 몇 시간의 테이크가 필요했을 테니 적어도 한 사람 정도는 정독했을지 모른다.

R.M.S. "TITANIC".

APRIL 14, 1912.

L U N C H E O N.

CONSOMMÉ FERMIER   COCKIE LEEKIE

FILLETS OF BRILL

EGG À L'ARGENTEUIL

CHICKEN À LA MARYLAND

CORNED BEEF, VEGETABLES, DUMPLINGS

FROM THE GRILL.

GRILLED MUTTON CHOPS

MASHED, FRIED & BAKED JACKET POTATOES

CUSTARD PUDDING

APPLE MERINGUE   PASTRY

B U F F E T.

SALMON MAYONNAISE   POTTED SHRIMPS

NORWEGIAN ANCHOVIES   SOUSED HERRINGS

PLAIN & SMOKED SARDINES

ROAST BEEF

ROUND OF SPICED BEEF

VEAL & HAM PIE

VIRGINIA & CUMBERLAND HAM

BOLOGNA SAUSAGE   BRAWN

GALANTINE OF CHICKEN

CORNED OX TONGUE

LETTUCE   BEETROOT   TOMATOES

C H E E S E.

CHESHIRE, STILTON, GORGONZOLA, EDAM,
CAMEMBERT, ROQUEFORT, ST. IVEL,
CHEDDAR

Iced draught Munich Lager Beer 3d. & 6d. a Tankard.

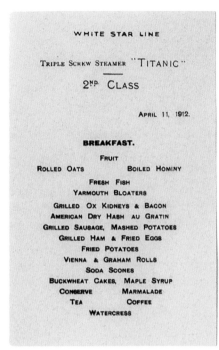

WHITE STAR LINE

TRIPLE SCREW STEAMER "TITANIC"

2ND CLASS

APRIL 11, 1912.

BREAKFAST.

FRUIT

ROLLED OATS   BOILED HOMINY

FRESH FISH

YARMOUTH BLOATERS

GRILLED OX KIDNEYS & BACON

AMERICAN DRY HASH AU GRATIN

GRILLED SAUSAGE, MASHED POTATOES

GRILLED HAM & FRIED EGGS

FRIED POTATOES

VIENNA & GRAHAM ROLLS

SODA SCONES

BUCKWHEAT CAKES, MAPLE SYRUP

CONSERVE   MARMALADE

TEA   COFFEE

WATERCRESS

WHITE STAR LINE.

R.M.S. "TITANIC."   APRIL 14, 1912.

THIRD CLASS.
BREAKFAST.
OATMEAL PORRIDGE & MILK
SMOKED HERRINGS, JACKET POTATOES
HAM & EGGS
FRESH BREAD & BUTTER
MARMALADE   SWEDISH BREAD
TEA   COFFEE
DINNER.
RICE SOUP
FRESH BREAD   CABIN BISCUITS
ROAST BEEF, BROWN GRAVY
SWEET CORN   BOILED POTATOES
PLUM PUDDING, SWEET SAUCE
FRUIT
TEA.
COLD MEAT
CHEESE   PICKLES
FRESH BREAD & BUTTER
STEWED FIGS & RICE
TEA
SUPPER.
GRUEL   CABIN BISCUITS   CHEESE
Any complaint respecting the food supplied, want of attention
or incivility, should be at once reported to the Purser or Chief
Steward. For purposes of identification, each Steward wears a
numbered badge on the arm.

타이타닉 메뉴
《타이타닉: 블러드 앤 스틸》

RMS 타이타닉 호의 처녀항해를 위해 인쇄한 레스토랑 메뉴는 지불 요금에 따라 기대할 수 있는 다양한 품질의 서비스에 관한 스토리를 전달한다. 1등 칸에서는 얼음처럼 차가운 맥주로 씻어 낸 닭다리와 로스트비프를 먹을 수 있다. 2등 칸에서는 야머스 블로터Yarmouth bloater(훈제 청어 요리*)가 제공된다. 게다가 메뉴는 빈 엽서 뒷면에 인쇄되어 있기 때문에 항구에 들를 때 친구에게 보낼 수도 있다.

3등 칸 메뉴 하단에 있는 단서(제공되는 음식이나 서비스 부족, 불친절에 관한 모든 불만을 신고할 수 있다)를 보고서 머지않아 그들이 제공받을 죽이나 피클의 품질에 대해 믿음을 가지거나 만일의 경우 비상사태가 일어나 갑판 아래에 남겨져 익사할 운명이 아니라고 안심할 수는 없을 것이다. 저작권료를 지불할 예산이 없었던 탓에 우리는 이 책에 실린 세 가지 버전의 모사본을 만들 때 원본과 달리 배의 인쇄 사진을 담지 않았다.

전당포 창문 스케치
《페니 드레드풀》

전당포 창문에 하이픈으로 분리해서 표기한 'to-day'는 영국 시대극에서 즐겨 쓰는 고풍스러운 철자법이다. 사소한 문장 부호 하나로 거리 신 전체가 완전히 고풍스러워질 수 있음을 보여 주는 좋은 예이기도 하다. 축약한 이름도 시대를 표현할 수 있다. 필기 재료가 귀하고 디핑 펜과 펜촉으로 힘들여 천천히 글씨를 써야만 했던 시대에는 세금 징수원이 글자를 줄여 썼다. 그래서 토머스Thomas는 Thos, 매리Mary는 My, 조지George는 Geo가 되었다. 축약어가 그대로 굳어서 19세기 내내 수작업으로 그린 상호 간판에도 사용되었다. 옥스퍼드 영어 사전에 따르면 'holiday'는 950년부터 문서에 등장하지만 1800년대 후반에 와서도 휴일이라는 의미로 'holy days'가 쓰인 사례가 존재한다.

붐비는 거리 신에서라면 이런 문구가 사소한 세부 요소처럼 보일 수 있지만 더욱 세부적으로 파고들 수도 있다. 문법과 구두점 역시 시대를 표현한다. 이런 표지판에서 대부분 표제 마지막에 찍힌 마침표는 현재는 거의 철저하게 옛날 방식이다. 1900년대에 영국 출판계에서는 이런 마침표가 서서히 사라진 것처럼 보인다.

1929년 8월 12일 월요일자《타임스》에는 표제 끝에 마침표가 있으나 다음 날인 화요일에는 마침표가 없다. 구식 그래픽 소품의 구식 마침표를 보면 재미있다(어디에서 누군가 주의를 기울이고 있다는 뜻이다!). 하지만 우리는 밤잠을 설쳐 가며 구체적인 시기를 고민하지는 않을 것이다. 특정 간행물에서는 이런 것들이 하룻밤 사이에 사라질 수 있으나 도시의 모든 간판장이에게 조금씩 관례가 전달되기까지는 무려 몇십 년이 걸릴 수도 있기 때문이다.

FOR WASHINGTON H'TS., THE BRONX AND QUEENS TRAINS
← TAKE LEFT ON EXIT

SPITTING

ON THE PLATFORMS OR OTHER
PARTS OF THIS STATION
IS

UNLAWFUL

OFFENDERS ARE LIABLE
TO ARREST

BY ORDER OF THE BOARD OF HEALTH

BMT LINES

BROAD ST

JAM
PARS

↑ EXIT TO STREETS

W
US

BROAD ST

DOWNT

WARNING DO NOT

COURT ST. BMT LINES SUBWAY

UPTOWN TO 59TH ST. & QUEENS
DOWNTOWN WHITEHALL ST. SOUTH FERRY
BROOKLYN AND CONEY ISLAND

24HR SERV
B'KLN AND
YOUR COU
IS APPREC

THIS SIDE FOR ———
NTOWN TRAINS

THIS SIDE FOR ———
OWN TRAINS

ER

BROAD STREET
MANHATTAN

JAMAICA
NASSAU STREET

K DO NOT RUN
NDRAILS ON STEP

DO NOT SMOKE
OR CARRY A LIGHTED
CIGARETTE, CIGAR OR
PIPE ON ANY STATION,
TRAIN, TROLLEY, OR BUS.

SPITTING
OR THROWING
PAPERS OR OTHER LITTER
ON CAR OR STATION
FLOORS IS A VIOLATION
OF THE SANITARY CODE.

OFFENDERS WILL BE
PROSECUTED.

BOARD OF HEALTH   BOARD OF TRANSPORTATION
THE CITY OF NEW YORK

TO BAYRIDGE
TH ST

BROOKLYN
MANHATTAN
TRANSIT

AN OVER PLATFORM

TO
NS
SY
ED

EXIT TO WILLIAM ST
FOR SERVICE TO NEW
LOTS AND FLATBUSH
LEXINGTON AV AND
BROADWAY EXPRESS

CHAMBERS ST

CONEY ISLAND

6TH AVE

BROADWAY

DITMAS

뉴욕 지하철 표지판
《스파이 브릿지》 ←←

어떤 스토리의 시기와 장소를 설정하는 일은 영화 기획의 필수적인 부분이지만 세트 장식에다 그래픽 언어로 이야기를 전개함으로써 한 걸음 더 나아갈 수 있다. 《스파이 브릿지》는 1950년대 브루클린을 가로지르는 추격전으로 시작된다. 프로덕션 디자이너는 우리에게 대본에 "갑자기 내달린다"라고 쓰여 있는 등장인물들 바로 위에 넣을 '뛰지 말고 걸으세요'라는 지하철 표지판을 만들어 달라고 요청했다. 우연의 일치처럼 보일 수 있으나(의도적이었다고 보기에는 너무 눈에 띄지 않는다) 우리가 카메라 앞에 무언가를 놓을 때는 그만한 이유가 있다. 이 경우 그래픽 디자인은 대본에 쓰인 연기를 예상하고, 관객이 이를 의식하든 의식하지 않든 간에 스토리를 전개시킨다.

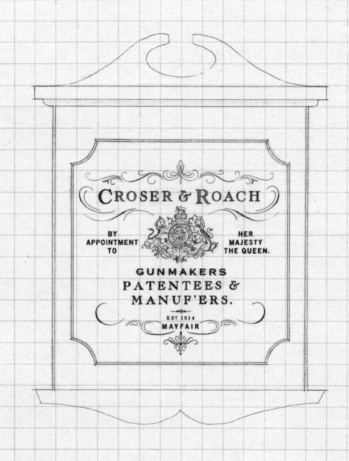

총포 제작 회사 간판 스케치 《페니 드레드풀》

거리 포스터: 성냥팔이 소녀의 파업
《페니 드레드풀》

《페니 드레드풀》에 나오는 빅토리아 시대 빈민가 신은 더블린의 기네스 양조장 주변에서 촬영되었다. 사실 오늘날 이곳은 도시 내에서도 쾌적한 구역에 속한다. 그러나 드라마를 촬영할 무렵에는 미술부에서 산더미 같은 쓰레기와 허름한 시장 가판대로 장식한 상태라 원래 모습을 거의 알아볼 수 없었다. 건설팀은 눈에 띄는 현대적인 건물을 모두 가리기 위해 커다란 울타리를 세웠다. 그 다음에 우리가 울타리에 대중에게 배회와 성희롱, 불치병 확산에 대해 경고하는 관공서의 공고를 붙였다.

이 거리 신은 설정 숏이었다. 사람들의 머리 위로 높이 띄운 크레인에서 촬영해 외부 장소를 간단히 보여 준 다음 내부에서 펼쳐지는 연기 신으로 넘어갔다. 거리 포스터 아트워크가 신에 등장할 가능성은 없으나 이따금 순전히 수백 명의 보조 출연자가 거주할 수 있는 현실 세계를 창조할 목적으로 이런 아트워크를 디자인하기도 한다.

비가 부슬부슬 내리는데 묵직한 의상을 입고 하루 종일 서 있는 모습이 측은함을 자아내기에 충분하지 않다면 '인산 괴사'로 얼굴의 아래쪽 턱 부분을 잃는다고 생각하면 도움이 될까? 성냥 제조업자의 직업상 위험 요소였던 인산 괴사는 인 과다 노출로 턱뼈가 무너지는 병이다. 백린으로 된 성냥 끝부분에서 증기가 방출되는데 비강을 통해 올라간 증기가 시간이 지나면 턱에 침전물을 형성한다. 뒤이어 이가 아프고 잇몸이 부은 다음 농양이 형성된다. 어두운 곳에 있으면 심하게 곪아 노출된 턱뼈가 형광 녹색으로 빛난다. 그리고 결국 뇌가 손상되고 기관의 기능 부전으로 인해 사망에 이른다. 알려진 치료법은 수술로 턱을 제거하는 것이 유일하다. 1888년에 벌어진 런던 성냥팔이 소녀의 파업은 백린 사용 금지가 목적이었다. 파업의 결과로 구세군이 성냥 공장을 세우고 비교적 안전한 적린을 대신 사용했다.

Attention Matchgirls!

WE CALL FOR STRIKE!

TO-DAY, at 3 o'clock.

SEVENTEEN cases of 'Phossy Jaw' remain
unreported by Matchstick Factory Owners.
Phossy Jaw will TAKE YOUR JAW.

— THERE IS —

NO KNOWN CURE.

Strike to be led by

Mrs. M. LEVERETT

of the

WOMEN'S TRADE UNION ASSOCIATION.

PHOSPHORUS IS A DANGER TO US ALL.

LIMEHOUSE HALL,
Bet. King St.
and Cinnamon St.,
Shadwell.

**GOOD
SPEAKERS**
will be
PRESENT.

무대 뒤 표지판 《페니 드레드풀》

선원들은 비번일 때 대규모 영화의 장비를 담당하는 경우가 흔했다. 그들은 암호화된 휘파람을 이용해 다른 선원들과 의사소통했다. 따라서 무대 뒤의 다른 사람들에게 휘파람을 금지하는 것은 누군가 자신도 모르는 사이에 어떤 장비를 내려놓으라는 의미의 휘파람을 부는 바람에 배우가 장비에 맞아 사망하는 사고를 예방하기 위함이다.

그러나 이 특정한 금지 조치가 공작 깃털에는 그다지 실용적이지 않다. 이유를 설명할 수는 없지만 이 새의 꼬리 깃털에 있는 일명 '악마의 눈'으로 말미암아 배우가 대사를 잊어버린다는 미신이 있기 때문이다. 《페니 드레드풀》에 등장하는 그랑기뇰Grand Guignol 영화관의 무대 뒤편을 장식하는 이 에나멜 소품은 표지판 제작자가 뉴 알루미늄에 그렸다. 그다음 가장자리에 구멍을 뚫고 줄로 다듬어 색을 칠함으로써 녹이 슨 낡은 주석이라는 느낌을 주었다.

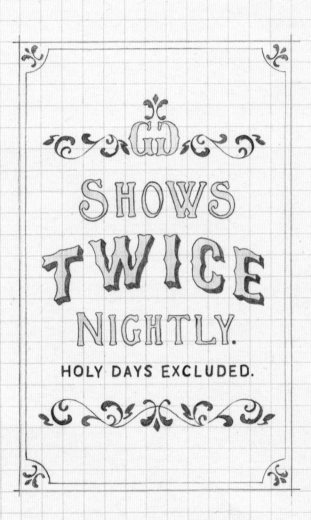

영화관 간판 스케치 《페니 드레드풀》

호텔 성냥갑과 편지지
《스파이 브릿지》

19세기 중반의 호텔 편지지에는 통상적으로 모든 침실에는 욕실이 딸려 있고 여러분이 방금 체크인한 객실은 '내화성'이라고 장담하는 약간 의외의 문구가 적혀 있었다. 이런 약속은 물론 그것이 인쇄되어 있는 종이만큼의 가치도 없다. 일단 비상사태가 발생하면 호텔 건물을 칠한 내장 페인트와 니스부터가 가연성인 데다가 계단마저 부족했던 당시 미국 호텔들은 사실 위험하기로 악명이 높았다. 라탐 호텔은 영화에서 러시아 스파이로 나오는 루돌프 아벨이 FBI에게 체포될 당시 묵었던 싸구려 호텔이다. 반면 아벨의 변호사 제임스 도노반은 워싱턴 DC를 방문할 때 백악관 바로 건너편에 위치한 고급 호텔 더 헤이아담스에 묵는다. 호텔 객실 신이라고 해서 반드시 호텔에서 촬영하지는 않으나 이런 소품을 이용해 실제 장소라는 착각을 일으킬 수 있다.

200 Rooms **Hotel Latham** 200 Baths

FIREPROOF

Manhattan, New York

LICHTENSTEIN & Co.

TAILOR SUPPLIES & REMNANTS

NINGS WOOLENS MOHAIR

TRIMMINGS LINENS *muy barato!*

DO PARA SASTRERIA 515-0198 CORTE PARA PANTALONES

NO U TURN
DEPT OF TRAFFIC

NO PARKING 8 AM TO 1 PM TUES. THURS. SAT.
DEPT OF TRAFFIC

5TH AV
WASHINGTON MEWS

GOODALL RUBBER CO. INC.

INDUSTRIAL RUBBER PRODUCTS

DECK HOSE	SEWER FLUSHING	METAL LINED HOSE	ACID PINCH VALVE
ACID HOSE	PAINT SPRAY HOSE	OXY-ACETYLENE	AUTOMOBILE RADIATOR
DUST EXHAUST	SAND BLAST HOSE	SYNPLASTIC	HOT WATER HOSE
HIPPER AIR HOSE	SOLVENT	VACUUM AIR BRAKE	SEMI-METALLIC HOSE
FLUE CLEANER	STEAM CLEANING	VACUUM HOSE	SPRAY HOSE

Y GOODALL WHEN YOUR NEXT INQUIRIES GO OUT. BRANCHES IN ALL PRINCIPAL CITIES.

AV OF THE AMERICAS
BROOME ST

E.68 ST
F.D. ROOSEVELT DRIVE

FULTON
HUDSON AV

LOEW'S KINGS THEATRE

027 FLATBUSH AVENUE, BROOKLYN

THURS. FRI. NOV. 7-8

GRANT WILLIAMS · RANDY STUART

THE INCREDIBLE SHRINKING MAN

THE MOST INCREDIBLE STORY THE SCREEN HAS EVER TOLD

Come on in, or smile as you pass!

POLICE DEPT
ONE-WAY

POLICE DEPT
ONE-WAY

거리 표지판
《스파이 브릿지》←←

무대나 촬영 세트가 아니라 현실 세계에 존재하는 현장에서 영화를 촬영할 때 우리가 수행하는 수많은 그래픽 작업은 거리에 있는 기존의 현대적인 간판과 광고를 가리는 것이 목적이다. 이후 포스트 프로덕션 과정에서 시각 디자인 팀이 지붕의 표지판처럼 광폭 크레인이나 드론으로 촬영한 몇 가지 소품을 추가할 수도 있다. 지상에서는 블록 전체를 물리적인 그래픽 표지판으로 장식해서 실제 같은 배경을 만들어야 한다. 그러기 위해서는 이따금 한 신에 수백 가지의 맞춤 소품을 제작해야 하는 경우도 있다.

우리는 이런 모든 소품의 사소한 세부 요소를 확인해야 한다. 감독이 신을 계획할 때 등장인물에게 어떤 표지판 근처에서 멈추라고 지시할지 알 수 없기 때문이다. 철자, 시대에 맞지 않는 이름, 그리고 가격 등 그야말로 모든 요소를 철저하게 살펴야 한다. 《스파이 브릿지》의 첫 장면인 거리 신을 위해 내가 가장 먼저 한 작업은 염가 헤어컷이 25센트라고 광고하는 표지판 만들기였다. 한데 프로덕션 디자이너인 애덤 스톡하우젠이 이의를 제기했다. 아무리 염가라 해도 1957년에 25센트는 너무 저렴해 보인다는 것이 이유였다. 참고 자료를 확인한 결과 그의 말이 옳았다. 내가 참고했던 사진 속의 광고는 훨씬 더 이전인 1930년대의 것이었다. 미술부 어시스턴트 새뮤얼 베이더Samuel Bader가 조사한 결과에 따라 우리는 표지판을 1.50달러로 바꾸었다. 당시에는 1.25달러의 차이가 꽤나 컸을 것이다.

카페 메뉴
《페니 드레드풀》

"훌륭하지만 적당한 가격." 우리가 만든 가상의 메트로폴 카페는 점심 메뉴에 큰 자부심을 갖고 있다. 수프는 "확실히 뜨겁고" 프렌치 커피는 "계란 한 개를 곁들여 파리에서와 똑같이" 제공된다. 메뉴의 인상적인 첫 번째 줄("거친 파도가 무슨 말을 하고 있는가?What are the wild wave's saying?")의 문법적 오류는 실제 참고 자료에서 본떴다. "거친 파도"란 카페의 음식이 얼마나 훌륭한지, 그리고 분위기가 곁들이에 불과한지를 평하는 사람들을 일컫는 말이었다. 하지만 나는 되도록이면 이런 실수를 그래픽에 담지 않는다. 일부 세계 정상급 작가들은 아포스트로피(')를 오용했다. 대표적으로 제인 오스틴은 'its' 대신 'it's'라고 소유격으로 썼고, 셰익스피어는 'fellow's'라고 복수로 썼다. 일반적으로 영화 소품의 아포스트로피 실수는 피해야 한다. 《텔레그래프Telegraph》에 도착하는 성난 편지의 놀림감이 되고 싶은 영화 그래픽 디자이너는 없을 테니까.

WHAT ARE THE WILD WAVE'S SAYING?

In spite of all opposition Visitors declare
that the Best Place in Soho for
DECENT but REASONABLE luncheon is

THE
"Metropole"

1ᵈ	A POT of FRESH MADE TEA or COFFEE with Roll and Butter.	1ᵈ
2ᵈ	FRUIT TART or MILK PUDDING.	2ᵈ
7ᵈ	TEA or COFFEE with SHRIMPS and EGG & WATERCRESS, ad lib.	7ᵈ
3ᵈ	SMOKED MACKEREL with butter & one LARGE POTATO.	3ᵈ
6ᵈ	Plate of COLD MEAT or HAM with Bread and PICKLES.	6ᵈ
1ˢ	CUT from PRIME JOINTS with two VEGETABLES and BREAD.	1ˢ
1ˢ	LOIN CHOP or RUMP STEAK with two VEG. and BREAD.	1ˢ
7ᵈ	OYSTERS :- choicest brands served by the dozen.	7ᵈ
4ᵈ	FRENCH COFFEE as served in PARIS with ONE EGG.	4ᵈ
4ᵈ	BACON, per rasher.	4ᵈ
5ᵈ	TWO EGGS, with a BLOATER or a KIPPER.	5ᵈ
3ᵈ	SOUPS, all kinds, guaranteed HOT with BREAD.	3ᵈ
1ᵈ	PIPING HOT mug of CHOCOLATE.	1ᵈ
1ᵈ	GINGER BEER, LEMONADE, GLASS OF MILK, etc.	1ᵈ

OUR TEA IS UNSURPASSABLE AT 1/? PER CUP
BUT WE MAKE FOR ANY CUSTOMER FRESH AT 2/?

일본 문자 스케치
《개들의 섬》

외국어로 된 레터링을 그리는 일은 일종의 도전이다. 나는 장장 9개월 동안이나 웨스 앤더슨의《개들의 섬》의 그래픽 디자인 작업을 했음에도 이 세 가지 일본 문자의 원리를 정확히 파악하지 못했다. 영화의 수석 그래픽 디자이너인 에리카 돈 Erica Dorn이 서체 제안서와 함께 텍스트를 보내면 나는 그것을 손수 베껴서 조심스럽게 표지판 소품에 그려 넣었다. 하지만 무심코 획 하나를 더하면 단어의 의미가 완전히 바뀐다는 사실을 잊지 않았다.

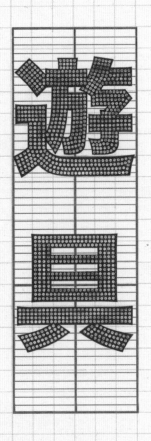

"RIDE"   "PAGODA SLIDE"

CHAPTER 6

도구

영화 제작은 촉감적인 영역이기 때문에 물질적인 그래픽 디자인이 필요하다. 우리
는 가능한 한 디지털로 그래픽을 재현하지 않으려고 노력하면서 모든 영화 그래픽
디자인의 주요 요소인, 예를 들어 디핑 펜과 타자기, 가짜 피 등을 만든다.

영화학교 졸업생 시절 나는 《튜더스》에 면접을 보러 갔다. 솔직히 드라마 제작진이 헨리 8세가 살았던 시대, 즉 그래픽 디자이너가 존재하지 않던 시대가 배경인 시리즈물을 위해 정규직 그래픽 디자이너를 찾는다는 사실이 선뜻 이해가 가지 않았다. 더군다나 이 프로그램의 첫 두 시즌 가운데 몇몇 에피소드를 미리 봤는데 아름다운 의상 디자인과 놀라운 세트 디자인은 눈에 들어왔으나 그래픽 디자인은 딱히 발견하지 못했다. 기껏해야 손때 묻은 유리잔 정도일까? 영화학교에서는 카메라 작동 방법과 각본 구성 방법을 가르쳐 주었지만 그래픽 디자인은 다루지 않았다. 광고계에서 웹 배너 광고와 로고, 잡지 지면을 만들며 일한 내 경력은 16세기 시대극에는 도무지 필요할 것 같지 않았다.

상업 디자인에서 영화 디자인으로 전향하면서 나는 단기간에 많은 것을 배웠다. 또 헨리 8세의 궁정에 그래픽 디자이너가 없었다고 해서 그래픽 디자인이 존재하지 않았다는 의미는 아님을 깨닫기까지는 그리 오래 걸리지 않았다. 왜냐하면 당시에는 장인들이 그래픽을 제작했기 때문이다. 예컨대 왕이 왕비를 참수하고 싶어 한다면 일단 사형 집행 영장부터 필요할 테고, 영장이 필요하다면 서체 전문가도 필요하다는 뜻이 된다. 1500년대에 모든 왕실 문서의 레이아웃과 서체의 책임자는 필기사였다. 그리고 오늘날의 영화 제작에서 필요할 때마다 서체 전문가를 고용하여 오래전 필기사가 만들었을 법한 것을 모방하는 일은 그래픽 디자이너의 임무다.

내가 《튜더스》 촬영소에서 보낸 그 첫 번째 시즌만큼 나를 설레게 만든 일은 없었다. 그 해 여름은 아일랜드의 여름치고는 제법 우호적이었고, 촬영소는 대개는 햇볕을 쬐면서 다음 촬영을 기다리는 보조 출연자들로 북적였다. 하인, 신하, 기사, 공주가 모자를 쓰고 코르셋을 입은 채 저마다 담배를 피우거나 커피를 마시며 서 있었다. 헤드셋을 쓰고 무전기를 든 조감독은 부산하게 움직였다. 나는 주차장을 가로지르며 왕좌를 옮기는 무대 담당자 두 명을 보는 것만으로 주체할 수 없는 기쁨이 차올랐다. 점심시간에는 영국 왕이 식당에서 식판을 들고 지나가는 내게 미소를 띠면서 인사를 건넸다. 어떻게 반응해야 할지 몰랐던 나는 당황스러운 나머지 옛날식 절을 했다. 옛날식 절 말이다!

다른 제작진들은 배우에게 무관심한 것처럼 보였다. 그들은 조나단 리스 마이어스를 애칭으로 '조니'라고 불렀다. 어느 날 밤 시내로 외출을 나갔을 때 나는 조깅하던 사람이 조스 스톤에게 무심히 포테이토칩을 건네는 모습을 보았다. 하지만 나는 내가 출연자들에게 말을 거는 데는 소질이 없다는 결론을 내렸다. 그들은 (너무나 잘생긴) 외계인처럼 다른 세상의 사람 같았고, 나는 그래픽실에 숨어 차 얼룩 만들기와 봉인 찍기를 연습하는 쪽이 편했다. 연습할 것이 많았으니 오히려 다행이었다.

나의 상업 디자인 분야에서의 커리어를 활용할 기회도 있었다. 시대를 막론하고 레이아웃 디자인 원칙에 대한 이해는 디자인의 필수 요소이기 때문이다. 하지만 실존하는 물리적이고 입체적인 소도구를 만드는 기술에 관해서는 난감함을 느꼈다. 난생 처음 종이를 주문한다는 생각만으로도 잔뜩 주눅이 들었다. 어떤 재료가 양피지나 소피지의 대용으로 가장 적합할까? 어디서 구할 수 있을까? 돈을 얼마나 써야 할까? 특수 프린터 용지 때문에 에피소드당 300만 달러라는 예산이 바닥나는 건 아닐까?

내가 수료한 영화 제작 석사 학위는 소품 제작(혹은 예산 수립)에 전혀 쓸모없음을 금세 깨달았지만 다행히도 이 프로그램의 전임 그래픽 디자이너였던 필러 발렌시아Pilar Valencia가 다시 촬영장에 와서 속성으로 나를 훈련시켜 주었다. 필러는 그래픽 세트 디자인에 관해 알고 있어야 할 모든 것을 알았을 뿐만 아니라 자신의 지식을 기꺼이 공유하며 내게 용기를 주었다. 닷새 동안 그녀는 각본 명세 구성법부터 깃펜 사용법에 이르기까지 모든 것에 대해 완벽한 단기 속성 강의를 해 주었다. 촬영소에서 보내는 한 주는 언제나 쏜살같이 지나간다. 우리가 함께 보낸 마지막 날에 미술부를 나서던 그녀는 내 새 데스크톱 프린터를 두드리며 "이제 얘가 당신의 절친한 친구"라고 말했다. 불행하게도 그녀의 말은 점점 차오르는 나의 두려움을 잠재우기에 그리 도움이 되지 않았다. 비협조적인 기계를 작동시켜야 한다고 생각하니 요주의 작업을 잔뜩 적은 목록에 또 한 가지가 더해지는 느낌이었다.

하지만 일단 부딪쳐 보는 편이 나을 것 같았다. 대부분의 경우 내가 일에서 느끼는 매력이 모든 두려움을 압도했다. 나는 예산에 대해 고민하지 않는 법을 배웠다. 그래픽 소품을 만들 때 필요한 도구와 재료의 가격은 다른 미술부 구성원들의 필수 지출, 이를테면 햄프턴 궁전

건설에 비교하자면 새발의 피였다. 그리고 한 배경화가가 내게 지적했듯이 "찾아 나서기보다는 미리 살피는 편이 낫다"는 말을 기억했다. 마지막 순간에 소품을 교체하는 일이 자주 일어나는 영화 제작 현장에서 어떤 재료든 간에 충분히 확보해 놓지 않는 것은 초보나 저지르는 실수가 될 터였다. 내 작은 작업실은 다양한 유형의 종이, 실, 리본, 구슬, 끈, 풀의 소굴이 되었다.

《튜더스》의 프로덕션 디자이너 톰 콘로이Tom Conroy는 직접 실행하는 디자인 방식을 선호하여 나에게 되도록이면 물건을 손수 만들라고 권했다. 예리한 시각을 가진 세트 데코레이터 크리스피언 샐리스Crispian Sallis는 세부 요소에 새롭게 관심을 가지라고 자극했다. 몇 주가 지나자 영화 세트 어디엔가는 (목수, 양재사, 화가 등 누군가의 조언이 필요하든) 각계각층의 전문가가 있다는 사실을 발견했다. 나는 주로 소품 작업실에서 시간을 보냈다. 그곳의 모형 제작자들은 내 두루마리의 장식품을 만들고, 종이에 얼룩을 묻히는 방법을 가르쳐 주고, 메달과 동전의 금형을 제작했다. 마지막 단계에 이르러 색을 칠하면 진짜 금 조각처럼 보일 게 분명했다.

그것은 광고계에서 담당했던 작업과는 아주 동떨어진 일이었다. 그 시절에 나는 출근하여 책상에 앉는 순간부터 하루 일과를 마칠 때까지 온종일 컴퓨터 스크린만 쳐다보았다. 영화 촬영소에서는 재수가 좋은 날이면 하루가 그래픽 소품 만들기 놀이처럼 느껴졌다. 어린 시절 우리가 만든 모든 것, 부엌에서 어머니와 빚은 지점토, 뒤뜰 숲속에 묻었던 보물 지도 만들기 등이 나의 일이었으니까. 들어 본 적은 있어도 존재한다고 믿지 않았던 세계를 찾은 것 (이를테면 가출해서 서커스단에 입단하는 것) 같은 느낌이었다.

실과 리본

그래픽 소품을 장식하는 실, 리본, 끈, 그리고 그 밖의 물건들. 《튜더스》에서 두 시
즌을 보낸 후 남은 물건이다.

Illustrious & most gracious Sovereign,

I write faithfully to you on this day the twenty & sixthe of Auguste, your Majesty, with news from the Courte of Kynge Henry the eyghth here in Englande. I wish that I had been able to write you prior, but I was struck again in my righte hande with this dreaded gout so that, until yester morning, I coulde not barely hold a pen.

Lord Winchester has lately been taken ill also, though not by the return of the sweating sickness as previously feared. Nevertheless, he had to disperse of his household and withdrawe to a house neare my own lodgings, and so there was opportunity to do him some civilities. On his arrival he came to dine with me, and, from an early houre until late, we conversed of public affaires, as of the Turks and the detestable practices of the Frenche. The following daye I invited Lord Winchester again to dinner, this time together with Secretary Vrisle, who is no less well inclined and has no less influence with the Kynge, and who was of the opinion that I shoulde take occasion to speak with the Kynge and repente his last persuasions, whiche woulde marvellously rebut the Frenche practices & advance those of the closer amity. And so on the sixteenthe I sent for audience, which was granted for the eighteenthe, when the Kynge received me a little more cordially than usual and thanked me for my affection to the closer amity & good offices, and said he was glad that things shoulde be treated by me, to whom

캐서린 하워드의 편지
《튜더스》

시대극에 맞는 서체 전문가를 찾는 일은 녹록지 않다. 당대의 다양한 활자 디자인에 능통해야 함은 물론이고 그들의 손까지도 등장인물의 성별과 연령, 피부색과 적절히 맞아야 한다. 서체 전문가들은 대개 대역으로 출연한다. 베드 신과 승마 신도 직접 소화하는 마당에 이런 관행이 이상해 보일 수 있다. 하지만 클로즈업 신에서 전문 필기사로 비춰지려면 때로 좀 더 복잡한 작업이 필요하다.

아일랜드의 서체 전문가 가레스 콜갠Gareth Colgan은 《튜더스》의 그래픽을 위해 약 스무 가지 소품을 만들었다. 모두 당대의 이탤릭과 고딕 필기체의 변형이었다. 글씨체는 장소에 따라서도 달라진다. 이탈리아 출신의 등장인물이 쓴 문서는 영국인이 쓴 것과 사뭇 달라야 한다. 이런 차이점에 관해서는 열네 살부터 서체를 공부한 그에게 일임했다. 그는 케임브리지에서 필기사 겸 문자 조각가로 일했고, 또 세트 호출을 기다리는 동안 고서체의 역사에 관한 두꺼운 책을 읽고 있는 모습을 자주 볼 수 있었기 때문이다. 30대 중반의 백인 남성인 가레스의 손은 《튜더스》의 여러 등장인물에게 잘 어울렸다. 시리즈가 진행되는 동안 그는 다른 출연자들과 촬영을 위해 새벽녘에 대여섯 차례 세트를 방문했는데 그때마다 '반 의상' 차림이었다. 의상부에서는 카메라에 잡히는 커프스가 배우의 것과 같도록 모든 손 대역에게 배우가 입는 옷옷과 셔츠(큰 깃털이 흔들리면서 숏 안으로 들어올 수 있는 모자까지)를 제공한다. 반면에 튜더 가문의 어떤 의상이 얼마나 정교하거나 고증에 맞는지는 중요하지 않다. 또 서체 전문가 대역은 카메라에 잡히지 않는 하반신은 청바지 차림에 운동화를 신어도 무방하다.

《튜더스》 네 번째 시즌의 첫 신은 1539년 폭염이 한창이었을 때 프랑스 대사 유스티스 차퍼이즈가 고국에 보낼 편지에 최근 법정에서 일어난 사태에 대해 쓰는 모습을 클로즈업으로 잡았다. 각본에는 더운 여름날을 "차퍼이즈의 이마에 땀방울이 흘러 아래에 놓인 편지에 떨어진다"고 묘사했다. 이 신에서 가레스는 소품 담당자와 합작했다. 소품 담당자가 사다리에서 가레스를 내려다보며 이마에서 땀이 흘러내리는 것처럼 보이도록 피펫으로 물방울을 떨어뜨렸다. 튜더 왕조 시대의 위대한 기록자로 손꼽히는 차퍼이즈는 세세한 서신으로 유명했다. "좀 더 일찍 편지를 드렸어야 하는데 오른손이 또다시 이 무시무시한 통풍에 걸렸습니다." 그의 개인적인 글씨체는 보다 노련했겠지만 우리는 가레스에게 고증에서 입증될 법한 정도보다 훨씬 우아하게 보이도록 써 달라고 요청했다. 절묘한 레터링과 각본에 차퍼이즈가 때려죽인다고 적힌 짓눌린 파리가 멋진 대조를 이루기를 원했기 때문이다. 이때 가레스의 손은 파리채 역할까지 맡았다. 또 소품 팀은 여러 테이크를 찍어야 할 경우를 대비해 죽은 금파리를 한 병이나 모았다.

모든 등장인물이 서도의 대가는 당연히 아니다. 실제로 헨리 8세의 손 글씨는 특히 해독하기 어려웠다. 그래서 극 중의 헨리 8세가 구혼 예정자들을 휘갈겨 쓴 명단은 현대 시청자들이 읽기 쉽도록 서체 전문가가 현대적으로 손봤다. 일부 역사학자에 따르면 헨리의 다섯 번째 아내인(결혼 당시 10대 소녀였던) 캐서린 하워드는 거의 문맹이나 다름없었다. 우리는 카메라가 남자친구(추정) 토머스 컬페퍼에게 격정적인 편지를 쓰는 캐서린의 모습을 비출 때 텔레비전 시리즈의 극적 효과를 위해 조금 과장했다. "컬페퍼 영주님, 전 당신이 어떻게 지나시는지 수식을 보나주기를 기도하며 지심으로 댕신에게 절 바칩니다." 캐서린의 편지는 왕이 그녀의 사형 선고를 승인해야 할 증거였다. 그녀는 고작 열아홉 살에 런던탑에서 참수형을 당했다.

젊은 여왕의 손 대역으로 뽑힌 사람은 미술부 수습 사원 메간 브레슬린Megan Breslin이었다. 앞서 차퍼이즈의 손을 연기한 가레스가 그랬듯 그녀 역시 눈물을 흘리는 신을 위해 소품 담당자의 도움을 받았다. 이번에도 소품 담당자는 피펫을 들고 사다리에 올라갔다. 원래 메간은 자연스럽고 깔끔한 글씨를 썼지만(게다가 깃펜을 사용하는 데 능숙했지만) 그녀의 글은 두 가지 사실 때문에 엉망진창으로 보였다. 첫째, 그녀는 평소에 쓰던 왼손이 아니라 오른손으로 편지를 썼다. 둘째, 너무 긴장한 나머지 세트에 들어서자마자 주체할 수 없이 떨기 시작했다.

Master Culpeper, I heartily
recommend me unto you
praying you to send me
word how that you do. It
was showed me that you was
sick, the which thing troubled
me very much till such
time that I hear from you
praying you to send me word
how that you do, for I
never longed so much for [a]
thynge as I do to see you
and to speak with you
the which I trust shall
be shortly now, the which
doth comfort me very
much when I think of

that you shall depart
from me a gayne yt makes
my harte to dye to thynk
what fortune I have that
I cannot be always in your
company yt my trust is
always in you that you
would as you have promised
me and in that hope I
trust upon still, praying
you then that you will come
when my Lady Rochford
be here, for then I shall be
best at leysure to be at your
commandment. Thanking
you for that you have
promised me to be so

good unto that poor fellow my
man which is one of the griefs
that I do depart from him
for then I do know no one that
I dare trust to send to you
and therefore I pray you take
him to be with you that I may
sometime hear from you one
thynge I pray you to give me
a horse for my man for I
had much ado to get
one and therefore I pray send
me one by him and so
doyng I am as I said afore and
thus I take my leave of you
trusting to see you shortly
again and now

you was with me now
that you might see what pain
I take in writing to you.

yours as long as
lyffe endures

Katheryn

One thynge I had forgotten
and that is to instruct my man
to tarry here wyth you still
for he says whatsomever you
bid hym will do it and

1. Lady Jane Askew
2. Cathererine of Asham
3. Katherine Ashley
4. Anne Stuart
5. Lady Camille of York
6. Margaret Parry
7. Blanche Spencer
8. Annabella Spencer
9. Anne Spencer
10. Elizabeth Willoughby
11. Elizabeth Cecil
12. Lady Catherine Courtenay
13. Elizabeth Marlowe
14. Mary Dudley
15. Lady Jane Denny
16. Lady Victoria Throckmorton
17. Lady Dra Throckmorton
18. Marie de Beaufort
19. Lady Ursula Hardwick
20. Anne Hilliard
21. Jane Hilliard
22. Mary Hepburn
23. Eugenia Latimer
24. Charlotte Paget
25. Beatrice Topcliffe
26. Lady Catherine de Boise

얼룩이 묻고 해묵어 가는 종이 →→

(1) 원본 (2) 차 (3) 표백제와 레몬주스 (4) 브라소 광택제 (5) 과망가니즈산 칼륨 수정 (6) 커피 (7) 10분 동안 오븐에 구운 발사믹 식초 (8) 적포도주 식초 (9) 성냥으로 태운 것

구겨진 흰색 종이를 차 접시에 담그고 나서 그것이 천천히 아름답고 고풍스러운 갈색으로 변하는 모습을 지켜보는 것만큼 만족스러운 일도 없다. 차 얼룩 만들기는 미술부의 주요 업무이며, 해묵어 보이는 서류 더미를 만들 때 자주 이용한다. 또한 물에 빠진 적이 있는 종이처럼 보이게 만들어 준다. 그래서 우리는 적절한 재료를 선택하고 전부 다림질해서 다시 구김을 없앤다. 일부 방수 종이는 구김을 다시 펴지 못하는 반면에 질감이 나는 수제 종이는 물을 흡수해도 주름지지 않는다.

끈이 없는 저렴한 티백을 쉽게 구하기 어렵다면 차 대신 인스턴트커피 알갱이를 이용할 수 있다. 다만 색은 비교적 동일해도 얼룩이 훨씬 옅기 때문에 더욱 오래 담가야 한다. 레몬주스는 약간 어두운 종이에서 색깔을 빼는 효과가 있어서 얼룩이 지고 햇빛에 바랜 것처럼 보이게 만든다. 실제 표백제는 효과가 매우 강하므로 너무 오래 담그지 않는다. 과망가니즈산 칼륨 수정은 방울방울 얼룩이 진 효과를 낼 수 있다. 가장자리를 태우면 곧바로 해적선이 떠오른다.

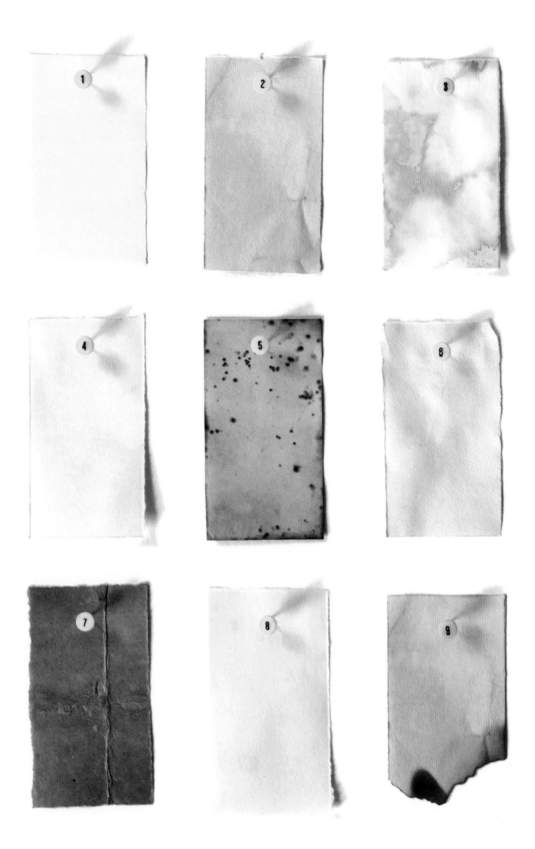

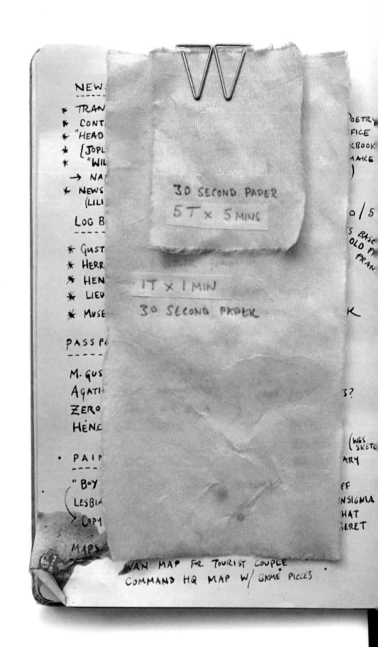

NEW...
* TRAN...
* CONT...
* "HEAD...
* {JOPL...
* "WIL...
→ NA...
* NEWS...
(LILI...

LOG B...
* GUST...
* HERR...
* HEN...
* LIEU...
* MUSE...

PASS P...
M. GUS...
AGATH...
ZERO...
HENC...

• PAI...
" BOY...
(LESBIA...
↳ COPY...
MAPS...

30 SECOND PAPER
5T × 5 MINS

1T × 1 MIN
30 SECOND PAPER

POETRY
FICE
CKBOOK
AAKE
)

0/5

TS BASE
OLD F...
FRAN...

K

3?

(WES
SKETO

ARY

FF
NSIGNIA
HAT
BERET

...AN MAP FOR TOURIST COUPLE
COMMAND HQ MAP W/ GAME PIECES •

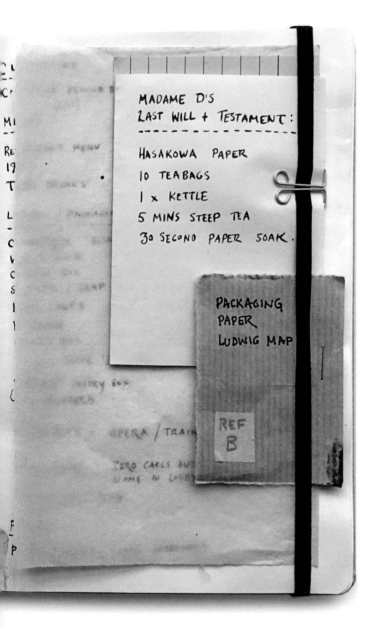

MADAME D'S
LAST WILL + TESTAMENT:
- - - - - - - - - - - - - - - - - - - -
HASAKOWA PAPER
10 TEABAGS
1 x KETTLE
5 MINS STEEP TEA
30 SECOND PAPER SOAK.

PACKAGING
PAPER
LUDWIG MAP

REF
B

차 얼룩 레시피 ←←

종이에 얼룩을 만드는 과정의 핵심은 개별 소품을 일일이 실험하고 레시피를 자세히 적어 보관하는 일이다. 비율과 시간을 기록해 두지 않으면 재촬영을 위해 다시 문서를 만들어야 할 경우 색조의 연속성을 유지하기가 어려울 수 있다. 이 사진에 있는 얼룩 만들기 레시피는 《그랜드 부다페스트 호텔》에서 마담 D.의 유언과 유언장의 얼룩을 만드는 데 사용한 것이다. 1886년에 쓰인 문서처럼 보이도록 물한 냄비에 티백 열 개를 넣고 5분 동안 담가 두었다.

물론 어떤 시대의 모든 문서가 반드시 노화되어야 할 필요는 없다. 우리가 만드는 소품 가운데는 각본의 줄거리에 따라 새것이어야 하는 소품도 많다. 그래픽 소품에 약간의 고풍스러움을 더하면 그것이 실제로 촬영 전날 영화의 미술부에서 칠한 것이 아니라 다른 시대의 물건이라는 인상을 줄 수 있다.

가짜 피

처음으로 가짜 피를 병에 담아 판매하던 시기에는 색상이 매우 중요했다. 특히 연극 관객을 위해 선홍색 액체를 섞었다. 영화가 등장했을 때 피의 색조는 더욱 중요해졌다. 흑백 영화 제작자들은 초콜릿 시럽을 이용해 카메라상에서 더욱 뚜렷하게 대비를 표현했다고 전해진다. 오늘날에는 다양한 필요에 따라 또 연기에 따라 맑고 선명한 피, 흐르는 피, 스며 나는 피, 혹은 걸쭉한 검은 피 등 갖가지 색조와 농도를 구입할 수 있다. 혹은 옥수수 시럽과 식품 착색제를 이용해 직접 혼합할 수도 있다. 그래픽에 피를 바르는 작업은 대개 소품 팀의 소관이다. 《그랜드 부다페스트 호텔》에서 모든 전보에 얼룩을 낸 사람은 소품 담당자 틸 센헨

Till Sennhenn이었다. 그는 몇 가지 다른 종류를 이용해 덕지덕지한 효과를 내고 그것을 뜨거운 공기총으로 말려서 응고시켰다. 그래도 붉은 피가 뿌려져 있으면 어떨지 잠시 검토하라는 감독의 요구가 있을지 모르니 그래픽 팀에서도 한두 병 보유하고 있으면 편리하다.

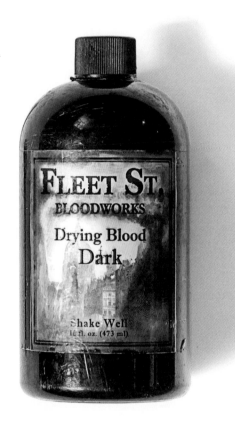

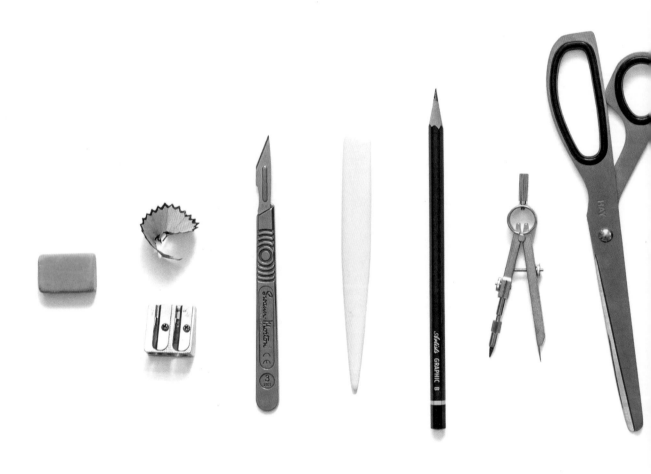

기본 키트

내가 그래픽 소품 제작 워크숍에서 강의할 때 가장 많이 받는 질문은 "키트에 어떤 도구가 필요한가?"다. 만족스러운 답변을 내놓기가 그리 쉽지 않다. 황금광 시대가 배경인 스토리에서 필요할 도구는 우주선에서 필요할 도구와 판이하게 다를 수밖에. 다만 어떤 키트든 시간이 흐르면 자연스럽게 축적될 것이다. 지금 내가 가지고 있는 봉랍 막대는 실제 필요량보다 많다. 모두 《튜더스》에서 작업하고 남은 것이다.

랩톱, 스캐너, 스크린, 프린터, 하드드라이브 등과 같은 모든 컴퓨터 장비 이외에 가장 먼저 구비해야 할 최고의 도구는 고급 연필, 새 칼, 줄자, 즐겨 쓰는 펜이 담긴 기본 필통이다. 위 사진은 왼쪽에서 오른쪽으로 지우개, 연필깎이, 칼, 접이식 모양 본뜨기, 연필, 컴퍼스, 가위, 쇠자, 디핑 펜, 펀처, 빨간색 봉랍, 줄자, 찍어 쓰는 잉크, 바늘과 실이다.

분홍색 줄자

내 키트와 관련해 지금껏 받은 최고의 조언은 《바이킹스Vikings》의 책임 미술감독 카멜 뉴전트Carmel Nugent에게 받은 것이다. 그녀는 건설 팀원들이 실수로 줄자에 걸려 넘어지는 일이 없도록 줄자에 밝은 분홍색 매니큐어를 칠하라고 조언했다.

십대의 일기
《메탈 하트》

영화의 디자인 작업을 할 때 우리가 언제나 그래픽 디자이너의 관점에서만 디자인하는 것은 아니다. 오히려 영화 등장인물의 입장이 되어야 한다. 휴 오코너 감독의 《메탈 하트Metal Heart》(2018)에서 쌍둥이 엠마와 샨탈의 모습은 사뭇 다르다. 샨탈은 열여섯 살에 이미 성공한 사업가이자 SNS 인플루언서인 반면에 쌍둥이 자매는 공연 한 번 한 적이 없는 밴드의 몽상가다. 각본에는 엠마의 일기가 가사와 생각, 낙서로 가득하다고 쓰여 있었다.

열여섯 살의 고스goth(1980년대에 유행한 록 음악으로, 가사가 주로 세상의 종말, 죽음, 악에 대한 내용*) 음악가는 무엇을 이용해 그림을 그릴까? 우리는 검은색 싸구려 볼펜과 수정액으로 결정했다. 나중에 프로덕션 디자이너 닐 트리시Neill Treacy가 신 아티스트 앨런 램버트Alan Lambert에게 공책에 그린 낙서를 보여 주며 엠마의 침실 표면에 그려 달라고 부탁했다. 마치 그녀가 사춘기 시절을 온통 천장과 벽에 그림을 그리면서 보낸 것처럼 말이다.

종이 고정 장치

적절한 고정 장치는 그래픽 소품의 마무리 작업이다. 물론 시대에 어긋나는 물건을 사용하지 않도록 주의해야 한다. 예를 들어 지금껏 알려진 최초의 스테이플러는 1700년대 프랑스에서 루이 15세를 위해 만들어졌다. 하지만 순금 스테이플러에 드는 비용과 매번 다시 채워 넣어야 하는 번거로움으로 말미암아 1870년대에 조지 맥길이 재발명한 이후에 비로소 상용화되었다. 그는 문서를 한데 고정시키는 작업에 수많은 날을 헌신했으며, 이보다 몇 년 전에 쓸모가 많은 황동 분할 핀을 발명하기도 했다.

양 끝에 금속 가로대가 있는 짧은 끈인 트레저리 택treasury tag은 1912년에 왕립 출판국에서 발행한 물품 목록에 처음 등장한 이후 이전에 서류를 한데 묶는 데 쓰였던 밀랍 코팅 리본을 대신했다. 1899년에 노르웨이인 요한 발러가 발명한 최초의 종이 클립은 초기에 다양한 형태로 출시된 것 같다. 클립의 특허 요약에 다음과 같이 설명되어 있다. "사각형이나 삼각형, 혹은 다른 모양의 테로 구부린 철사 조각, 철사 조각의 끝부분은 반대 방향으로 나란히 놓인 부분이나 핀을 형성한다."

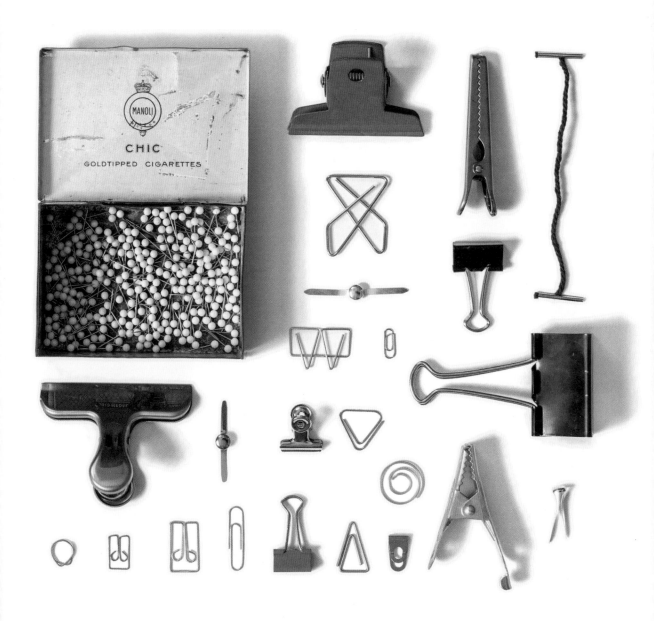

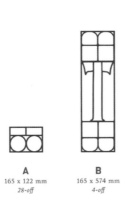
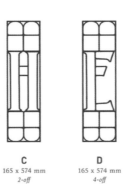
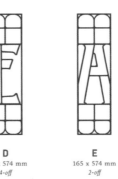

A
165 x 122 mm
28-off

B
165 x 574 mm
4-off

C
165 x 574 mm
2-off

D
165 x 574 mm
4-off

E
165 x 574 mm
2-off

F
165 x 574 mm
2-off

12.

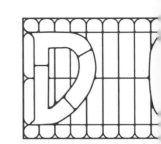

M
1498 x 574 mm
1-off

CERAMIC TILES

Patterned tiles to be printed on vinyl;
Fixed to MDF pieces;
Paint finish as ceramic with scored grout lines.

Q
115 x 122 mm
4-off

R
126 x 122 mm
8-off

V
190 x 122 mm
8-off

S
126 x 574 mm
4-off

T
115 x 574 mm
2-off

U
190 x 574 mm
4-off

NB. COLOUR OVERVIEW N.T.S.

Perspex to be painted as Stained Glass with French enamel:

R A V U R G Q J K

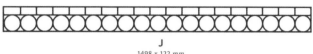

J
1498 x 122 mm
4-off

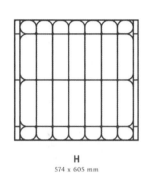

H
574 x 605 mm
2-off

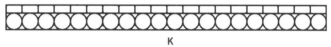

K
1560 x 122 mm
1-off

L
1560 x 122 mm
1-off

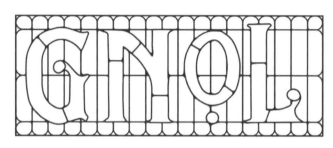

P
1498 x 574 mm
1-off

W
1586 x 492 mm
1-off
ld Steel painted as Black Cast Iron

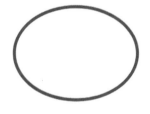

X
610 x 454 mm
2-off
6mm MDF painted as Black Cast Iron

Y
6483 x 626 mm
1-off
6mm MDF painted as Gold Cast Iron

PENNY DREADFUL					
PRODUCTION DESIGNER: JONATHAN McKINSTRY					
SET	Grand Guignol Theatre Ext.			LOC	Dame Lane
DETAIL	Canopy Graphics			DWG № 553 (To be read with № 533)	REV
DRAWN AA	DATE 30.1.14		SET № 3.44	SCALE 20%	
PROD	CARPS X	PROPS		PASSED BY J. McKinstry	
DIR	PLAST	LOC			
CAM	PAINT X	SFX		ISSUED ON 30.1.14	
ELEC	RIGGS	VIS FX			
ART	METAL X	GRAPHICS X		REVISED ON	
C.M X	SET DEC X	SIGNWTR X			

그랑기뇰 극장 전면
《페니 드레드풀》 ←←

다양한 시대와 장소가 배경인 여러 작품의 제작에 참여하면서 나는 '당시에 손으로 만든 물건이라면 지금도 손으로 만든다'는 나만의 규칙을 세웠다. 내가 발견한 바로는 디지털 폰트를 손 글씨처럼 보이게 만들려면 쓸데없이 시간이 많이 걸린다. 그냥 연필을 꺼내서 그리기 시작하는 편이 쉽고 효과적이다.

주로 빅토리아 시대의 런던 소호 구역과 주변이 배경인 《페니 드레드풀》의 세 번째 에피소드에서 우리는 빈센트 브랜드Vincent Brand를 소개받았다. 온갖 종류의 현란한 조끼로도 제대로 가려지지 않는 올챙이배를 고려할 때 그는 중년기 후반의… 몸가짐이 매우 과장된 배우 매니저였다. 시나리오 작가 존 로건John Logan이 각본에서 묘사했듯 브랜드는 "이 스토리에서는 매우 보기 드물게 보자마자 호감이 가는" 인물이었다. 프로덕션 디자이너 조나단 매킨스트리Jonathan McKinstry는 그랑기뇰 극장의 전면이 브랜드의 작중 인물의 연장이라고 규정했다. 즉 다채롭고 현란하며 매력적이어야 했다.

극장 레터링에 인쇄 활자체를 이용할 수도 있었을 것이다. 폰트 라이브러리에서 다운로드할 수 있는 아르데코 서체가 매우 많기는 하다. 하지만 여기에도 손으로 물건을 만든다는 규칙을 적용했다. 표지판에 스테인드글라스를 활용하려면 유리 전문가가 실제로 레터링을 그려서 잘라야 했다. 다만 간판 상단의 무쇠로 된 'G' 모양은 유리 레터링의 모양과 판이한데 아마 대장장이가 디자인했을 것이다. 유리와 타일에 손으로 글자와 무늬를 그렸더니 좀 더 유기적인 느낌을 풍겼고 글자 모양도 제각기 달랐다. 마지막으로 그림을 디지털화하고 스캔해서 어도비 일러스트레이터로 열었다. 나는 유리 전문가와 금속 세공인을 위해 시공도를 확대할 목적으로 각 소품을 도면에 베껴서 벡터화할 때 이 도구를 이용했다. 그런데 미술 감독은 유리 성분을 아크릴로 만들기로 결정했다. 사실 배우들의 머리 위에 놓일 소품이라 가볍고 안전한 재료가 바람직했다. (마찬가지로 무쇠 금속 세공은 실제로는 강철로 모양을 낸다.) 화가들은 이런 물건을 다른 물질처럼 보이게 할 수 있다. 예컨대 플라스틱에 PVA 풀을 칠해서 유리에 얼룩덜룩하게 때가 묻은 효과를 내거나 금속 세공품에 녹과 박편을 더할 수 있다.

처음 그랑기뇰 극장의 그래픽이 등장하는 것은 브랜드가 술에 취해 골목에서 노상방뇨하는 장면이었다. 그래서 타자로 친 것보다는 약간 불규칙한 간판 레터링이 각본의 분위기에 어울렸다. 브랜드는 프로그램 시청자에게 건물을 소개할 때 다음과 같이 말한다. "기형인 것이 우아하게 생각되는 곳이 있죠. 섬뜩한 것이 아름다울 수 있고 낯선 것이 외면당하기보다는 찬양받는 곳이 있습니다. 극장이 그런 곳입니다."

엠보싱 테이프 레터링

이 독특하게 산업적인 레터링은 소형 라벨 메이커와 엠보싱 테이프로 만들었다. 1958년에 다이모가 발명했으나 오른쪽 사진의 도구는 그것과 별반 다르지 않다. 나는 1970년대가 배경인 한 광고를 작업하던 2011년에 새 제품을 구입했다. 이 기계로 로마 알파벳 전체와 숫자 열 개(그리고 몇 가지 구두점)를 다양한 색상의 테이프로 출력할 수 있다. 물론 첩보 영화의 경우 대개 발간색이나 검은색을 고집한다. 글자는 항상 흰색이다. 말하자면 색조보다는 문자를 보여 주는 플라스틱판이다.

TOP SECRET

ESPIONAGE

CONFIDENTIAL

CLASSIFIED

INDEX

53.3498N. 6.2603W

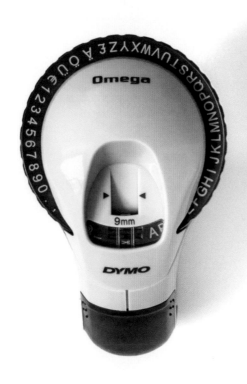

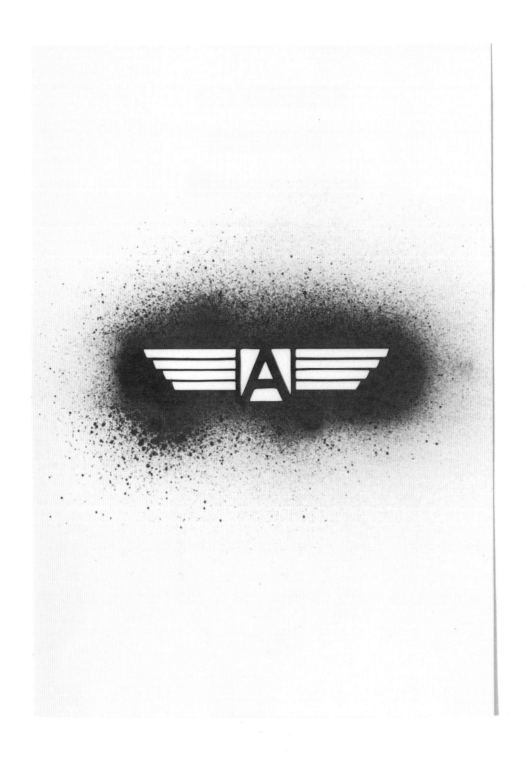

아타리의 스텐실 문장 《개들의 섬》

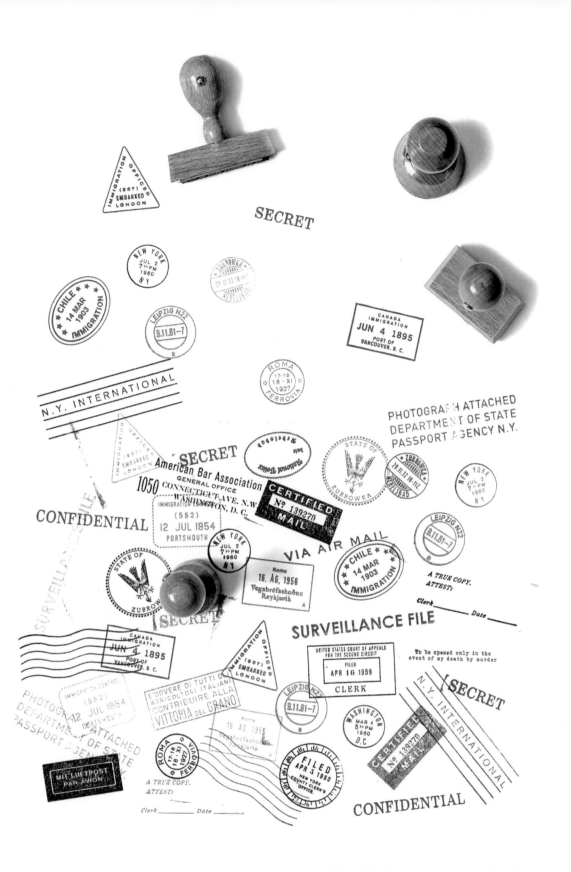

다양한 고무도장

쓰레기 섬 칙령을 위한 리놀륨 인각 글씨
《개들의 섬》

포토샵으로 하루 종일 작업해서 디지털 '도장'에 흠집을 냄으로써 고무에 잉크를 발라 문서에 찍은 것처럼 보이게 만들 수 있다. 하지만 진짜 도장을 만드는 편이 훨씬 쉽고 효과적이다. 스텐실, 스프레이 페인팅, 리놀륨 인각 레터링도 마찬가지다. 이런 효과를 낼 수 있는 온갖 디지털 브러시와 오래된 것처럼 만든 폰트가 존재하지만 어떤 것도 실제로 손으로 물건을 만든 것처럼 '손으로 만들었다'고 하지 않는다. 게다가 큰 마을에는 저마다 적어도 한 명은 고무도장 장인이 있다.

우리는 가능하면 플라스틱보다는 나무로 손잡이를 만든 도장을 찾으려고 노력한다. 함께 일했던 한 소품 담당 디렉터가 지적했듯이 보조 출연자가 배경에서 호텔 접수원이나 사무직원을 연기할 때 도장을 이용하면 편리하다. 힘든 촬영을 마칠 무렵 좀비처럼 넋을 놓고 앉아 있기보다는 손을 움직일 일이 필요하다. 또 나무 도장이라면 플라스틱 캔만큼 시대의 제약을 받지 않는다.

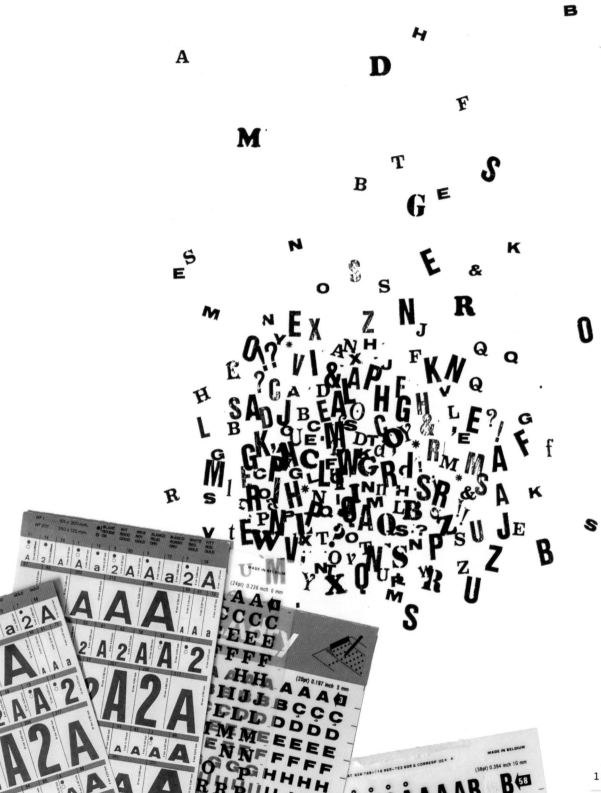

드라이트랜스퍼 레터링

그래픽 디자인이 일보다는 놀이처럼 느껴진다면 드라이트랜스퍼dry-transfer 레터링만큼 재미있는 놀이도 없다. 플라스틱 박판에 알파벳순으로 배열한 전사 도안을 영화 소품 표면에 문지르는 기법을 말한다.

정말로 다른 방법이 없던 시절에는 이 기법이 따분하게 보였던 것 같다. 우리 아버지는 1960년대에 그래픽 디자이너 교육을 받았고 디자인 학교에서 전사로 식자 생활을 시작했다. 이후 점차 디지털 식자 브로마이드로 대체되기는 했지만 1980년대에 당신이 근무하던 디자인 에이전시에 처음으로 애플 맥 식자공이 올 때까지 이 방법을 계속 이용했다.

초창기에는 레트라셋Letraset(인쇄용 사식寫植 문자로 하나씩 따서 붙임*)을 원본 아트워크로 사용해 필름에 직접 사진으로 찍어서 인쇄판을 만들었다. 이 과정은 아버지가 요즘에는 '단순한 표준 아트워크 업무 흐름'이라고 표현하는 형태로 발전했다. 업무 흐름은 대략 이렇다.

(a) 레이아웃을 손으로 스케치해서 타이프의 내용과 크기를 결정한다. (b) 타이프 스타일(동일한 폰트 계열 내에서의 활자들의 형태*)을 선택하고 적절한 레터링 시트(글씨나 문양을 다양한 모양체로 인쇄해 놓은 것*)를 결정한다. (c) 단어들을 매끈하게 문지른다. (d) 레이아웃을 사진으로 찍는다. (e) 아트워크 실물 크기로 단어의 흑백 브로마이드를 노출시키고 처리하고 구성한다. (f) 위치를 옮길 수 있는 고무풀을 이용해 아트워크를 잘라 내어 붙인다(말 그대로 아트워크 잘라 내기와 붙이기).

아버지는 당신이 근무하던 런던 촬영소 바닥에 절반쯤 사용한 레트라셋 시트가 온통 흩어져 있었던 것을 기억한다. 가장 자주 필요했던 글자들은 언제나 빠져 있었다. 이따금 아버지가 이 시트를 특별 선물로 집에 가져오면 나는 남은 글자들을 공책에 문질러 낯선 구두점과 나란히 늘어선 'Q', 'X', 'Z' 등의 문자로 무늬를 만들곤 했다.

타자기 세 대 →→

타자기마다 폰트가 다르다. 따라서 가능하면 대본에 적힌 시대에 합당한 기계를 사용하는 편이 바람직하지만 무조건 고집할 필요는 없다. 이 아름다운 빨간색 올리베티 발렌타인OLIVETTI VALENTINE은 우리 가족의 친구에게 빌린 것으로, 《개들의 섬》에 사용되었다. 사실 이 타자기는 대본에 실린 사건들이 일어나고 10년이 지난 다음인 1968년에 제작되었다. 하지만 타이프 스타일이 눈에 띄게 시대에 어긋나지 않았을 뿐더러 무엇보다 디지털 폰트로 만든 메모처럼 보이지 않았다. 실제 활자 스캔에서 직접 따온 몇몇 근사한 폰트가 있지만 그냥 아날로그 기계를 두드려 손으로 친 문서에서 곧잘 발견되는 자연스러운 변칙을 담는 편이 효과적이다. 이를테면 다른 키보다 묵직하게 눌려지는 키가 있는가 하면 묵직한 느낌이 부족한 키가 있다. 또 어떤 글자는 기준선에서 벗어나 있다. 범인의 편지에서 반복적으로 올려쳐지는 'T'자와 결국에는 해결되는 모든 살인 사건의 관련성을 생각해 보라! (대개 히어로 소품이 아니라 배경 장식에서) 실제 타자기 대신 디지털 폰트를 사용할 때, 타자기로 친 원본을 가지고 인쇄된 크기를 확인하면 효과적이다. 다만 우리가 폰트 크기가 18포인트인 엄청 거대한 타자기를 사용했다는 사실은 굳이 알리고 싶지 않다.

올리베티 발렌타인
(1968, 일명 '휴대용 레드')

올리베티 도라OLIVETTI DORA (1974)

FACIT TP2 (1968)

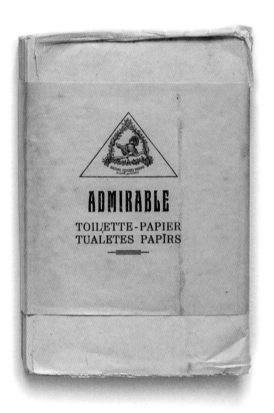

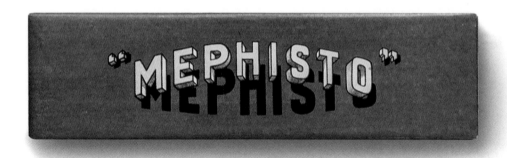

오래된 빈 종이 ←←

제2차 세계대전이 배경인 첩보 영화를 작업했을 때(우연찮게도 가제가 《미스 앳킨스의 군대Miss Atkins's Army》였다)의 일이다. 절묘한 시기에 나는 재니스 린드라는 라트비아 남성으로부터 메일 한 통을 받았다. 그는 메일에 자신이 약간 누렇게 변한 커다란 1940년대 종이 묶음 하나를 가지고 있다고 썼다. 자연스럽게 노화된 종이는 영화 그래픽 팀에게는 보물과 같다. 특정 소품에는 얼룩을 묻혀 다림질한 종이가 효과적일 수 있지만 자칫 한때 물이 묻었거나 심지어 푹 잠겼던 것 같은 느낌을 줄 수도 있다. 예전에 《그랜드 부다페스트 호텔》의 소품 구매자 에카르트 프리츠Eckart Friz가 우리 그래픽 팀에게 옛 동독 국가 보안부 사무실에서 구한 종이를 큰 상자로 세 개나 준 적이 있다. 각각 연한 분홍색과 녹색, 노란색이었다. 노출로 인해 종이 가장자리가 약간 변색되었으나 그것만 아니면 완벽한 상태였다. 우리는 그중 몇 장을 히어로 소품으로 사용했다. 사실 배경 장식에 쓰기에는 너무 귀한 종이였다. 그리고 《개들의 섬》을 위해 몇 장을 남겨 두었다가 이 영화에서 거의 다 써 버린 상황이었다.

재니스는 자기 집의 작은 가든 하우스를 개조하던 중에 이 종이 묶음을 발견했다고 했다. 그는 건물의 한 외벽이 나머지보다 훨씬 두꺼워 보여 호기심을 갖고 두드려 보다가 비밀 공간을 발견했다. 그곳에는 유리창에 붙이는 전시 등화관제용 대형 종이로 정성스럽게 싼 꾸러미가 가득했다. 꾸러미를 열어 보니 개봉하지 않은 상자에 연필, 펜, 공책, 장부 등 온갖 종류의 문구류와 사무용품 외에도 다량의 새 종이(괘선지, 그래프 용지, 압지, 오선지)가 거의 원형 상태로 들어 있었다. 재니스는 증조부가 1940년대에 문구점 주인이었다는 사실을 기억해 냈다. 어린 시절에는 그 문구점에서 가져온 연필로 글씨를 썼고 그 문구점의 상표가 찍힌 카드 상자를 가지고 놀기도 했다. 종이가 모든 사무실에서 가장 필수적인 도구였던 시절에 문구 소매는 꽤나 부지런히 움직여야 하는 직종이었다. 재니스의 증조부는 러시아 국경 근처 리가트네 강변에 위치한 대형 제지 공장의 생산품으로 매장을 가득 채웠다. 가족이 운영하는 소규모 문구점이었지만 일이 많았다. 증조부가 재고를 관리하는 동안 증조모는 계산대를 맡았다. 제2차 세계대전 중에 소련이 라트비아를 점령했을 때 그들의 생업은 대부분의 민영 기업과 마찬가지로 몰수되었다. 재니스의 증조부는 머지않아 국유화가 진행될 거라는 정보를 입수했다. 그리고 강제 노동 수용소로 이송되는 것을 면하려면 매장과 모든 제품을 순순히 내놓는 게 좋다는 조언도 들었다. 그들은 물건을 모조리 뺏기기 전에 가든 하우스의 빈 벽에 일부 문구를 용케 숨길 수 있었다. 하지만 소련 점령은 거의 50년간 계속되

었고, 라트비아의 주권은 1991년이 되어서야 완전히 회복되었다. 부부는 끝내 사업을 재개할 수 있다는 허가를 받지 못했다.

재니스는 1990년대에 이미 (그의 표현대로 보물찾기처럼) 증조부가 숨겨 놓은 물건을 발견했으나 다시 20여 년이 지나서야 비로소 누군가에게 어디엔가 무언가를 위해서 그것이 유용할 수 있겠다는 생각이 떠올랐다. 마침 자영업을 시작할 무렵이었다. 재니스는 영화 디자이너에게 영화 소품용으로 이 종이를 팔면 사업 자금을 마련할 수 있겠다고 판단했다. 나는 곧바로 한 차례 물건을 구입했고 전 세계에서 여러 영화 프로젝트에 종사하는 내 동료들도 마찬가지였다. 재니스의 증조부모는 자신들이 숨겨 놓은 상품의 운명을 몰랐을 것이라고 생각하면 이상한 기분이 든다. 70년이 지난 후에 증손자가 그들 덕분에 사업 자금을 마련하고 그들의 종이가 이따금 영화의 히어로 소품으로 클로즈업되리라는 운명 말이다.

IMAGE CREDITS

이미지 크레딧

크기는 세로X가로X높이로 표시했다.

시작하며

시위 표지판
경고 표지 2x3cm
《개들의 섬》(웨스 앤더슨, 2018)
프로덕션 디자이너: 폴 해롯Paul Harrod & 애덤 스톡하우젠
그래픽 디자이너: 애니 앳킨스
어시스턴트 그래픽 디자이너: 몰리 로젠블랏Molly Rosenblatt
Photograph by Flora Fricker
"ISLE OF DOGS" © 2018 Twentieth Century Fox. All rights reserved.

졸타의 카드
5x8.9cm
《빅》(페니 마샬, 1988)
프로덕션 디자이너: 산토 로쿼스토Santo Loquasto
세트 데코레이터: 조지 드티타 & 수잔 보드타이슨
그래픽 디자이너: 미상
"BIG" © 1988 Twentieth Century Fox. All rights reserved.

《타임스》(런던, 1945)
61x45.7cm
Photograph by Flora Fricker
Courtesy The Times / News Licensing

CHAPTER 1 세부 요소

『바퀴와 날개의 그레이트 빅 북』
커버 40.6x27.9cm
《스파이 브릿지》(스티븐 스필버그, 2015)
프로덕션 디자이너: 애덤 스톡하우젠
세트 데코레이터: 레나 디안젤로
소품: 샌디 해밀턴
그래픽 디자이너: 애니 앳킨스
Photograph by Flora Fricker
"BRIDGE OF SPIES" © 2015 Twentieth Century Fox. All rights reserved.
Courtesy of Storyteller Distribution Co., LLC.

서독 식품 포장
설탕 상자 14x10.2x5cm
《스파이 브릿지》(스티븐 스필버그, 2015)
프로덕션 디자이너: 애덤 스톡하우젠
세트 데코레이터(독일): 베른하르트 헨리히Bernhard Henrich
소품(독일): 에카르트 프리츠
그래픽 디자이너: 애니 앳킨스 & 릴리아나 람브리에브
Photograph by Flora Fricker
"BRIDGE OF SPIES" © 2015 Twentieth Century Fox. All rights reserved.
Courtesy of Storyteller Distribution Co., LLC.

우유 포장 용기의 레터링 스케치
29.2x20.3cm
《스파이 브릿지》(스티븐 스필버그, 2015)
프로덕션 디자이너: 애덤 스톡하우젠

세트 데코레이터: 레나 디안젤로
그래픽 디자이너: 애니 앳킨스
"BRIDGE OF SPIES" © 2015 Twentieth Century Fox. All rights reserved.
Courtesy of Storyteller Distribution Co., LLC.

여권
15.2x8.9cm
《스파이 브릿지》(스티븐 스필버그, 2015)
프로덕션 디자이너: 애덤 스톡하우젠
세트 데코레이터: 레나 디안젤로
소품: 샌디 해밀턴
소품(독일): 에카르트 프리츠
그래픽 디자이너: 애니 앳킨스 & 릴리아나 람브리에브
Photograph of Tom Hanks as James Donovan by Jaap Buitendijk
Photograph of passport by Flora Fricker
"BRIDGE OF SPIES" © 2015 Twentieth Century Fox. All rights reserved.
Courtesy of Storyteller Distribution Co., LLC.

소년 잡지 기사(1950년대)
27.9x40.6cm
《스파이 브릿지》(스티븐 스필버그, 2015)
프로덕션 디자이너: 애덤 스톡하우젠
세트 데코레이터: 레나 디안젤로
소품: 샌디 해밀턴
그래픽 디자이너: 애니 앳킨스
Photograph by Flora Fricker
"BRIDGE OF SPIES" © 2015 Twentieth Century Fox. All rights reserved.
Courtesy of Storyteller Distribution Co., LLC.

총알구멍
2.5-7.6cm(지름)
《스파이 브릿지》(스티븐 스필버그, 2015)
프로덕션 디자이너: 애덤 스톡하우젠
아트 디렉터(독일): 마르코 비트너 로저
그래픽 디자이너: 릴리아나 람브리에브 & 애니 앳킨스
Photograph by Flora Fricker
"BRIDGE OF SPIES" © 2015 Twentieth Century Fox. All rights reserved.
Courtesy of Storyteller Distribution Co., LLC.

미국 자연사 박물관의 바닥 타일
366m²
《원더스트럭》(토드 헤인즈, 2017)
프로덕션 디자이너: 마크 프리드버그Mark Friedberg
아트 디렉터: 킴 제닝스
어시스턴트 아트 디렉터: Michael Auszura
그래픽 디자이너: 에드워드 A. 로프레다Edward A. Ioffreda & 애니 앳킨스
Courtesy of Amazon Content Services LLC

첩보 문서
다양한 크기(눈금자 참고)
《스파이 브릿지》(스티븐 스필버그, 2015)
프로덕션 디자이너: 애덤 스톡하우젠
세트 데코레이터: 레나 디안젤로

세트 데코레이터(독일): 베른하르트 헨리히
소품: 샌디 해밀턴
소품(독일): 에카르트 프리츠
그래픽 디자이너: 애니 앳킨스 & 릴리아나 람브리에브
Photograph by Flora Fricker
"BRIDGE OF SPIES" © 2015 Twentieth Century Fox. All rights reserved.
Courtesy of Storyteller Distribution Co., LLC.

지도 열여덟 장
5x5cm
《개들의 섬》(웨스 앤더슨, 2018)
프로덕션 디자이너: 폴 해롯 & 애덤 스톡하우젠
그래픽 디자이너: 애니 앳킨스
어시스턴트 그래픽 디자이너: 치나미 나리카와
Photograph by Flora Fricker
"ISLE OF DOGS" © 2018 Twentieth Century Fox. All rights reserved.

U-2 조종실 문서
접힌 지도 15.2x10.1cm
노란색 스티커가 붙어 있는 지도 27.9x15.2cm
초록색 문서 19x10.2cm
《스파이 브릿지》(스티븐 스필버그, 2015)
프로덕션 디자이너: 애덤 스톡하우젠
소품: 샌디 해밀턴
소품(독일): 에카르트 프리츠
세트 데코레이터: 레나 디안젤로
그래픽 디자이너: 애니 앳킨스 & 릴리아나 람브리에브
Photograph by Flora Fricker
"BRIDGE OF SPIES" © 2015 Twentieth Century Fox. All rights reserved.
Courtesy of Storyteller Distribution Co., LLC.

상자 상표 스케치
29.2x20.3cm
박스트롤(라이카, 그레이엄 애나블 & 안소니 스타치, 2014)
프로덕션 디자이너: 미셸 브르통Michel Breton, 어거스트 홀August Hall, 폴 라센Paul Lasaine & 톰 맥클루어Tom McClure
아트 디렉터: 커트 엔덜Curt Enderle
그래픽 디자이너: 조쉬 홀츠클로Josh Holtsclaw & 애니 앳킨스
Reproduced by permission of Laika LLC © 2012 Laika. All Rights Reserved.

영화표
2.5x5cm
《원더스트럭》(토드 헤인즈, 2017)
프로덕션 디자이너: 마크 프리드버그
세트 데코레이터: 데브라 슈트Debra Schutt
소품: 샌디 해밀턴
그래픽 디자이너: 애니 앳킨스
Photograph by Flora Fricker
Courtesy of Amazon Content Services LLC

런던 동물원
각 사인 30.5-101.6cm(높이), 60.9-152.4cm(너비)
원숭이 정보 33x61cm

원숭이를 부추기지 마시오 표지판 20.3x33cm
런던 동물원 지도 84x118.9cm
《페니 드레드풀》(쇼타임 네트웍스, 2014)
프로덕션 디자이너: 조나단 매킨스트리
세트 데코레이터: 필립 머피Philip Murphy
아트 디렉터: 콜먼 코리시
그래픽 디자이너: 애니 앳킨스
간판: 로렌스 O 툴레Laurence O Toole
Courtesy of Showtime Networks Inc.

CHAPTER 2 조사

추억의 문집
커버 20.3x13cm
Photograph by Flora Fricker
Collection of Annie Atkins

소형 인쇄물
다양한 사이즈
Photograph by Flora Fricker
Collection of Annie Atkins

화이트 파이버의 앞면과 뒷면
12x19.5cm
Photograph by Flora Fricker
Collection of Annie Atkins

상품 송장: 섬유 염색 회사(영국 맨체스터, 1936)
17.8x20.3cm
Photograph by Flora Fricker
Collection of Annie Atkins

관찰자 포켓북 셀렉션(영국, 1937-1960년경)
각 14x8.9cm
Photograph by Flora Fricker
Collection of Annie Atkins

전보(영국, 1941)
12.7x20.3cm
Photograph by Flora Fricker
Collection of Annie Atkins

우유병 뚜껑(영국, 1950년대)
3.8cm(지름)
Photograph by Flora Fricker
Collection of Annie Atkins

피지 문서에 쓴 권리증(영국, 1813)
38x61cm
Photograph by Flora Fricker
Collection of Annie Atkins

『도전』: 비타 색빌웨스트의 자필 원고
31.75x20.3cm
Photograph by Flora Fricker

Reprinted with kind permission of the Dobkin Family Collection of Feminism

영화표(이집트 카이로, 1940년대 초반)
5.7x8.9cm
Photograph by Flora Fricker
Collection of Annie Atkins

네 개의 굴뚝이 작동하는 RMS 타이타닉 호
45.7x183cm
《타이타닉: 블러드 앤 스틸》(시아란 도넬리, 2012)
프로덕션 디자이너: 톰 콘로이
아트 디렉터: 콜먼 코리시
세트 데코레이터: 질 터너
그래픽 디자이너: 애니 앳킨스
Photograph by Flora Fricker
Two drawings of The RMS Lusitania(fore and aft) adapted and reprinted with kind permission of the National Records of Scotland and University of Glasgow Archives & Special Collections, Upper Clyde Shipbuilders collection, GB 248 UCS 1/110/367/20
Courtesy of Epos Films Ltd.

공상 과학물 도상 스케치
28x21.6cm
Annie Atkins's studio

CHAPTER 3 주브로브카 공화국

호텔 표지판 레터링 스케치
29.2x20.3cm
《그랜드 부다페스트 호텔》(웨스 앤더슨, 2014)
프로덕션 디자이너: 애덤 스톡하우젠
세트 데코레이터: 애나 핀노크
슈퍼바이징 아트 디렉터: 제럴드 설리번Gerald Sullivan
아트 디렉터: 슈테판 O. 게슬러Stephan O. Gessler
그래픽 디자이너: 애니 앳킨스
"THE GRAND BUDAPEST HOTEL" © 2014 Twentieth Century Fox. All rights reserved.

멘들스 박스
13x13x13cm
《그랜드 부다페스트 호텔》(웨스 앤더슨, 2014)
프로덕션 디자이너: 애덤 스톡하우젠
세트 데코레이터: 애나 핀노크
소품: 로빈 L. 밀러Robin L. Miller
그래픽 디자이너: 애니 앳킨스 & 릴리아나 람브리에브
추가 일러스트: 잰 제리코Jan Jericho
Photograph by Flora Fricker
"THE GRAND BUDAPEST HOTEL" © 2014 Twentieth Century Fox. All rights reserved.

콜루백 지폐 세 장
가장 큰 것 12.7x19cm
《그랜드 부다페스트 호텔》(웨스 앤더슨, 2014)
프로덕션 디자이너: 애덤 스톡하우젠

세트 데코레이터: 애나 핀노크
소품: 로빈 L. 밀러
그래픽 디자이너: 애니 앳킨스 & 릴리아나 람브리에브
추가 일러스트: 미구엘 슈미트Miguel Schmid
Photograph by Flora Fricker
"THE GRAND BUDAPEST HOTEL" © 2014 Twentieth Century Fox. All rights reserved.

주브로브카의 소인
시트: 29.2x20.3cm; 스탬프: 3.3x2.5cm
《그랜드 부다페스트 호텔》(웨스 앤더슨, 2014)
프로덕션 디자이너: 애덤 스톡하우젠
세트 데코레이터: 애나 핀노크
그래픽 디자이너: 애니 앳킨스 & 릴리아나 람브리에브
일러스트: 잰 제리코 & 미구엘 슈미트
Photograph by Flora Fricker
"THE GRAND BUDAPEST HOTEL" © 2014 Twentieth Century Fox. All rights reserved.

루드비히의 탈옥 지도
펼친 상태 47x40.6cm
《그랜드 부다페스트 호텔》(웨스 앤더슨, 2014)
프로덕션 디자이너: 애덤 스톡하우젠
세트 데코레이터: 애나 핀노크
소품: 로빈 L. 밀러
그래픽 디자이너: 애니 앳킨스 & 릴리아나 람브리에브
추가 일러스트: 미구엘 슈미트 & 잰 제리코
Photograph by Flora Fricker
"THE GRAND BUDAPEST HOTEL" © 2014 Twentieth Century Fox. All rights reserved.

열쇠고리 디자인 스케치
29.2x20.3cm
《그랜드 부다페스트 호텔》(웨스 앤더슨, 2014)
프로덕션 디자이너: 애덤 스톡하우젠
세트 데코레이터: 애나 핀노크
소품: 로빈 L. 밀러
그래픽 디자이너: 애니 앳킨스
Photograph by Flora Fricker
"THE GRAND BUDAPEST HOTEL" © 2014 Twentieth Century Fox. All rights reserved.

수하물 꼬리표
대략 7.6cm(너비)
《그랜드 부다페스트 호텔》(웨스 앤더슨, 2014)
프로덕션 디자이너: 애덤 스톡하우젠
세트 데코레이터: 애나 핀노크
소품: 로빈 L. 밀러
그래픽 디자이너: 애니 앳킨스 & 릴리아나 람브리에브
Photograph by Flora Fricker
"THE GRAND BUDAPEST HOTEL" © 2014 Twentieth Century Fox. All rights reserved.

1960년대 레스토랑 메뉴
30.5x20.3cm
《그랜드 부다페스트 호텔》(웨스 앤더슨, 2014)
프로덕션 디자이너: 애덤 스톡하우젠

세트 데코레이터: 애나 핀노크
소품: 로빈 L. 밀러
그래픽 디자이너: 애니 앳킨스 & 릴리아나 람브리에브
일러스트레이터: 매리 헤네간_{Mary Heneghan}
캘리그래피: 잰 제리코
Photograph by Flora Fricker

구스타브의 증언 조서

20.3x14cm
《그랜드 부다페스트 호텔》(웨스 앤더슨, 2014)
프로덕션 디자이너: 애덤 스톡하우젠
세트 데코레이터: 애나 핀노크
소품: 로빈 L. 밀러
그래픽 디자이너: 애니 앳킨스 & 릴리아나 람브리에브
추가 일러스트: 미구엘 슈미트
Photograph by Flora Fricker

마담 D.의 유언과 유언장

38.1x22.9cm
《그랜드 부다페스트 호텔》(웨스 앤더슨, 2014)
프로덕션 디자이너: 애덤 스톡하우젠
세트 데코레이터: 애나 핀노크
소품: 로빈 L. 밀러
그래픽 디자이너: 애니 앳킨스 & 릴리아나 람브리에브
Photograph by Flora Fricker

마담 D.가 구스타브에게 보내는 메모

20.3x15.2cm
《그랜드 부다페스트 호텔》(웨스 앤더슨, 2014)
프로덕션 디자이너: 애덤 스톡하우젠
세트 데코레이터: 애나 핀노크
소품: 로빈 L. 밀러
그래픽 디자이너: 애니 앳킨스 & 릴리아나 람브리에브
미술부 어시스턴트: 몰리 로젠블랏
Photograph by Flora Fricker

『낭만 시집』(제1권)

20.3x12.7cm
《그랜드 부다페스트 호텔》(웨스 앤더슨, 2014)
프로덕션 디자이너: 애덤 스톡하우젠
세트 데코레이터: 애나 핀노크
소품: 로빈 L. 밀러
그래픽 디자이너: 애니 앳킨스 & 릴리아나 람브리에브
Photograph by Flora Fricker

조플링의 명함

5.1x8.9cm

《그랜드 부다페스트 호텔》(웨스 앤더슨, 2014)

프로덕션 디자이너: 애덤 스톡하우젠
세트 데코레이터: 애나 핀노크
소품: 로빈 L. 밀러
그래픽 디자이너: 애니 앳킨스 & 릴리아나 람브리에브
미술부 어시스턴트: 미구엘 슈미트
Photograph by Flora Fricker

《트랜스알파인 요들》

24.1x31.8cm
《그랜드 부다페스트 호텔》(웨스 앤더슨, 2014)
프로덕션 디자이너: 애덤 스톡하우젠
세트 데코레이터: 애나 핀노크
소품: 로빈 L. 밀러
그래픽 디자이너: 애니 앳킨스 & 릴리아나 람브리에브
Photograph by Flora Fricker

보도 포스터

53.3x38.1cm
《그랜드 부다페스트 호텔》(웨스 앤더슨, 2014)
프로덕션 디자이너: 애덤 스톡하우젠
세트 데코레이터: 애나 핀노크
소품: 로빈 L. 밀러
그래픽 디자이너: 애니 앳킨스
Photographs by Flora Fricker

경찰 보고서

24.1x20.3cm
《그랜드 부다페스트 호텔》(웨스 앤더슨, 2014)
프로덕션 디자이너: 애덤 스톡하우젠
세트 데코레이터: 애나 핀노크
소품: 로빈 L. 밀러
그래픽 디자이너: 애니 앳킨스 & 릴리아나 람브리에브
Photograph of Jeff Goldblum as Deputy
Kovacs by Martin Scali
Photograph of prop by Flora Fricker

『그랜드 부다페스트 호텔』

20.3x12.7cm
《그랜드 부다페스트 호텔》(웨스 앤더슨, 2014)
프로덕션 디자이너: 애덤 스톡하우젠
세트 데코레이터: 애나 핀노크
소품: 로빈 L. 밀러
그래픽 디자이너: 애니 앳킨스 & 릴리아나 람브리에브
Photograph by Flora Fricker

CHAPTER 4 콘티뉴이티

영화표 마흔아홉 장
2.5x5cm
Photograph by Flora Fricker
Annie Atkins's studio

노란색 전보 열두 장
11.4x15.2cm
《그랜드 부다페스트 호텔》(웨스 앤더슨, 2014)
프로덕션 디자이너: 애덤 스톡하우젠
세트 데코레이터: 애나 핀노크
소품: 로빈 L. 밀러
그래픽 디자이너: 애니 앳킨스 & 릴리아나 람브리에브
Photograph by Flora Fricker
"THE GRAND BUDAPEST HOTEL" © 2014 Twentieth Century
Fox. All rights reserved.

촬영이 끝난 후 파쇄기에서 나온 다양한 색상의 각본
각 페이지 29.7x21cm
Photograph by Flora Fricker

러브레터: 콘티뉴이티 리피트
7.6x12.7cm
《튜더스》(쇼타임 네트웍스, 2008)
프로덕션 디자이너: 톰 콘로이
세트 데코레이터: 크리스피언 샐리스
그래픽 디자이너: 애니 앳킨스
Photograph by Megan K. Jones
Courtesy of TM Productions Ltd.

미국 국기 스케치 두 개
28x21.6cm
Annie Atkins's studio

커피 얼룩 여덟 군데
17.8x10.1cm
Photograph by Mairead Lambert
Collection of Annie Atkins

봉투 열네 개
11.4x15.2cm
《비타 & 버지니아》(차냐 버튼, 2019)
프로덕션 디자이너: 노임 파이퍼Noam Piper
아트 디렉터: 닐 트리시
그래픽 디자이너: 팰릭스 맥긴리Felix McGinley & 애니 앳킨스
캘리그래피: 사라 오데아Sarah O'Dea
Photograph by Flora Fricker
Courtesy of Blinder Films

믹스 테이프 열두 개
7.6x10.2cm
Photograph by Ailsa Williams
Collection of Annie Atkins

CHAPTER 5 언어

뱀장어 스튜와 으깬 감자: 상시 준비
ARCHIVAL PHOTOGRAPH Courtesy of Heritage England/London Metropolitan Archives

표지판 스케치
29.2x20.3cm
《페니 드레드풀》(쇼타임 네트웍스, 2014)
프로덕션 디자이너: 조나단 매킨스트리
그래픽 디자이너: 애니 앳킨스
Photograph by Flora Fricker
Courtesy of Showtime Networks Inc. and Annie Atkins studio

거리 포스터: 콜레라!
26.7x20.3cm
그랑기뇰 극장 정면
《페니 드레드풀》(쇼타임 네트웍스, 2014)
프로덕션 디자이너: 조나단 매킨스트리
그래픽 디자이너: 애니 앳킨스
Photograph by Flora Fricker
Courtesy of Showtime Networks Inc.

치과 간판 스케치
29.2x20.3cm
《페니 드레드풀》(쇼타임 네트웍스, 2014)
프로덕션 디자이너: 조나단 매킨스트리
그래픽 디자이너: 애니 앳킨스
Courtesy of Showtime Networks Inc. and Annie Atkins studio

장의사 간판 스케치
29.2x20.3cm
《페니 드레드풀》(쇼타임 네트웍스, 2014)
프로덕션 디자이너: 조나단 매킨스트리
그래픽 디자이너: 애니 앳킨스
Courtesy of Showtime Networks Inc. and Annie Atkins studio

「올바른 전보 작성법」
15.2x10.2cm
《타이타닉: 블러드 앤 스틸》(2012)
프로덕션 디자이너: 톰 콘로이
세트 데코레이터: 질 터너Jil Turner
그래픽 디자이너: 애니 앳킨스
Photograph by Flora Fricker
Courtesy of Epos Films Ltd.

타이타닉 메뉴
라지: 18.3x12.7; 스몰: 14x8.9cm
《타이타닉: 블러드 앤 스틸》(2012)
프로덕션 디자이너: 톰 콘로이
세트 데코레이터: 질 터너
그래픽 디자이너: 애니 앳킨스
Photograph by Flora Fricker
Courtesy of Epos Films Ltd.

전당포 창문 스케치
29.2x20.3cm
《페니 드레드풀》(쇼타임 네트웍스, 2014)
프로덕션 디자이너: 조나단 매킨스트리
그래픽 디자이너: 애니 앳킨스
Courtesy of Showtime Networks Inc. and Annie Atkins studio

뉴욕 지하철 표지판
다양한 크기
《스파이 브릿지》(스티븐 스필버그, 2015)
프로덕션 디자이너: 애덤 스톡하우젠
슈퍼바이징 아트 디렉터: 킴 제닝스
그래픽 디자이너: 애니 앳킨스
"BRIDGE OF SPIES" © 2015 Twentieth Century Fox. All rights
reserved. Courtesy
of Storyteller Distribution Co., LLC.

총포 제작 회사 간판 스케치
29.2x20.3cm
《페니 드레드풀》(쇼타임 네트웍스, 2014)
프로덕션 디자이너: 조나단 매킨스트리
그래픽 디자이너: 애니 앳킨스
Courtesy of Showtime Networks Inc. and Annie Atkins studio

거리 포스터: 성냥팔이 소녀의 파업
26.7x20.3cm
《페니 드레드풀》(쇼타임 네트웍스, 2014)
프로덕션 디자이너: 조나단 매킨스트리
그래픽 디자이너: 애니 앳킨스
Photograph by Flora Fricker
Courtesy of Showtime Networks Inc.

무대 뒤 표지판
33x30.5cm
《페니 드레드풀》(쇼타임 네트웍스, 2014)
프로덕션 디자이너: 조나단 매킨스트리
그래픽 디자이너: 애니 앳킨스
간판: 로렌스 O 툴레
Photograph by Flora Fricker
Courtesy of Showtime Networks Inc.

영화관 간판 스케치
29.2x20.3cm
《페니 드레드풀》(쇼타임 네트웍스, 2014)
프로덕션 디자이너: 조나단 매킨스트리
그래픽 디자이너: 애니 앳킨스
Courtesy of Showtime Networks Inc. and Annie Atkins studio

호텔 성냥갑과 편지지
빈티지 US 레터 26.7x20.3cm
성냥 박스 3.4x5cm
《스파이 브릿지》(스티븐 스필버그, 2015)
프로덕션 디자이너: 애덤 스톡하우젠
세트 데코레이터: 레나 디안젤로
그래픽 디자이너: 애니 앳킨스
Photograph by Flora Fricker
"BRIDGE OF SPIES" © 2015 Twentieth Century Fox. All rights

reserved. Courtesy
of Storyteller Distribution Co., LLC.

거리 표지판
다양한 크기, 6-1.8m
《스파이 브릿지》(스티븐 스필버그, 2015)
프로덕션 디자이너: 애덤 스톡하우젠
슈퍼바이징 아트 디렉터: 킴 제닝스Kim Jennings
그래픽 디자이너: 애니 앳킨스
"BRIDGE OF SPIES" © 2015 Twentieth Century Fox. All rights
reserved. Courtesy
of Storyteller Distribution Co., LLC.

카페 메뉴
50.8x25.4cm
《페니 드레드풀》(쇼타임 네트웍스, 2014)
프로덕션 디자이너: 조나단 매킨스트리
그래픽 디자이너: 애니 앳킨스
Photograph by Flora Fricker
Courtesy of Showtime Networks Inc.

일본 문자 스케치
29.2x20.3cm
《개들의 섬》(웨스 앤더슨, 2018)
프로덕션 디자이너: 폴 해롯 & 애덤 스톡하우젠
아트 디렉터: Curt Enderle
그래픽 디자이너: 에리카 돈 & 애니 앳킨스
"ISLE OF DOGS" © 2018 Twentieth Century Fox. All rights
reserved.

CHAPTER 6 도구

실과 리본
Photograph by Flora Fricker
Collection of Annie Atkins

《튜더스》의 등장인물 차퍼이즈의 편지
35.6x25.4cm
《튜더스》(쇼타임 네트웍스, 2008)
프로덕션 디자이너: 톰 콘로이
세트 데코레이터: 크리스피언 샐리스
그래픽 디자이너: 애니 앳킨스
캘리그래피: 가레스 콜갠
Photograph by Flora Fricker
Courtesy of TM Productions Ltd.

튜더 모음
가장 큰 사본 45.7x91.4cm
《튜더스》(쇼타임 네트웍스, 2008)
프로덕션 디자이너: 톰 콘로이
세트 데코레이터: 크리스피언 샐리스
그래픽 디자이너: 애니 앳킨스
Photograph by Flora Fricker
Courtesy of TM Productions Ltd.

캐서린 하워드의 편지
12.7x8.9cm
《튜더스》(쇼타임 네트웍스, 2008)
프로덕션 디자이너: 톰 콘로이
세트 데코레이터: 크리스피언 샐리스
그래픽 디자이너: 애니 앳킨스
캘리그래피: Megan Breslin
Photograph by Flora Fricker
Courtesy of TM Productions Ltd.

헨리 8세의 구혼 예정자 명단
35.6x11.4cm
《튜더스》(쇼타임 네트웍스, 2008)
프로덕션 디자이너: 톰 콘로이
세트 데코레이터: 크리스피언 샐리스
그래픽 디자이너: 애니 앳킨스
캘리그래피: 가레스 콜갠
Photograph by Flora Fricker
Courtesy of TM Productions Ltd.

얼룩이 묻고 해묵어 가는 종이
Photographs by Flora Fricker
Collection of Annie Atkins

차 얼룩 레시피
Photographs by Flora Fricker
Collection of Annie Atkins

가짜 피
Photograph by Flora Fricker
Collection of Annie Atkins

기본 키트
Photograph by Flora Fricker
Collection of Annie Atkins

분홍색 줄자
Photograph by Flora Fricker
Collection of Annie Atkins

십대의 일기
17.8x12.7cm
《메탈 하트》(휴 오코너, 2018)
프로덕션 디자이너: 닐 트리시
그래픽 디자이너: 애니 앳킨스
Photograph by Flora Fricker
Courtesy of Rubicon Films

종이 고정 장치
Photograph by Flora Fricker
Collection of Annie Atkins

그랑기뇰 극장 전면
극장 앞 4.9m(너비)
《페니 드레드풀》(쇼타임 네트웍스, 2014)
프로덕션 디자이너: 조나단 매킨스트리
슈퍼바이징 아트 디렉터:아담 오닐 Adam O'Neill

그래픽 디자이너: 애니 앳킨스
간판: 로렌스 O 툴레 & 케네스 캐롤 Kenneth Carroll
Courtesy of Showtime Networks Inc.

엠보싱 테이프 레터링
Photograph by Flora Fricker
Collection of Annie Atkins

아타리의 스텐실 문장
21.3x15.2cm
《개들의 섬》(웨스 앤더슨, 2018)
프로덕션 디자이너: 폴 해롯 & 애덤 스톡하우젠
그래픽 디자이너: 에리카 돈 & 애니 앳킨스
"ISLE OF DOGS" © 2018 Twentieth Century Fox. All rights
reserved.

다양한 고무도장
대략 2.5-5cm
Photograph by Flora Fricker
Collection of Annie Atkins

쓰레기 섬 칙령을 위한 리놀륨 인각 글씨
각 편지 5x5cm
《개들의 섬》(웨스 앤더슨, 2018)
프로덕션 디자이너: 폴 해롯 & 애덤 스톡하우젠
그래픽 디자이너: 에리카 돈 & 애니 앳킨스
Photograph by Flora Fricker
"ISLE OF DOGS" © 2018 Twentieth Century Fox. All rights
reserved.

드라이트랜스퍼 레터링
Photograph by Flora Fricker
Collection of Annie Atkins

타자기 세 대

올리베티 발렌타인(1968)
Photograph by Bruce Atkins
Collection of John Gloyne

올리베티 도라(1974)
Photograph by Flora Fricker
Collection of Annie Atkins

FACIT TP2(1968)
Photograph by Flora Fricker
Collection of Dympna Treacy

오래된 빈 종이
다양한 크기
Photograph by Flora Fricker
Collection of Annie Atkins

감사의 말

아이를 임신한 동안 이 책의 제안서를 쓰기 시작해서 아이의 세 번째 생일 무렵에 최종 편집본을 마무리했다. 책을 쓰는 동안 내 작업실을 거쳐 간 모든 사람에게 감사한다.

메간 브레슬린Megan Breslin, 플라비아 발라린Flavia Ballarin, 조지 컬런Gregory Cullen, 카렌 케니Karen Kenny, 줄스 골릭Jules Gawlik, 로린 코르뉘에졸Laurine Cornuéjols, 루시 울프Lucie Wolfe, 루시 매컬로우Lucy McCullough, 조엘 프라우드풋Joel Proudfoot, 메이블 딜리웨이Mabel Dilliway, 레이철 매케이브Rachael McCabe, 메간 존스Megan Jones, 루이스 칼바리오Luís Calvário, 새뮤얼 토메Samuel Tomé, 로즈 몽고메리Rose Montgomery, 그리고 케이티 갤빈Katy Galvin. 여러분의 흔적이 이 책의 모든 장에 뚜렷하게 남아 있다. 제임스 켈러허James Kelleher, 레건 허친스Regan Hutchins, 케빈 도노반Kevin Donovan, 클레어 벨Clare Bell, 메리 앤 볼거Mary Ann Bolger, 그리고 발가이어 발디마르손Valgeir Valdimarsson의 지혜로움에 감사한다. 아일사 윌리엄스Ailsa Williams와 앨런 램버트에게 특별한 고마움을 전한다. 이 책에 대한 두 사람의 기여는 매우 소중했으며 두 사람 덕분에 내 작업실은 더욱 창의적인 곳으로 거듭났다. 머레이드 램버트Mairead Lambert에게도 특별히 감사한다. 그는 이 책을 위해 예리한 시각으로 작업하는 동시에 내가 원고에 머리를 파묻고 있는 동안 촬영장에서 수많은 아트워크를 다루며 눈부신 활약을 펼쳤다.

전 세계의 영화계 동료들이 이 책을 위해 공유해 준 통찰력과 추억에도 감사하고 싶다. 그래픽 디자이너 릴리아나 람브리에브, 소품 담당자 틸 센헨, 미술감독 아이린 오브라이언Irene O'Brien과 콜먼 코리시Colman Corish, 세트 데코레이터 조지 드티타, 수잔 보드타이슨, 애나 핀노크, 그리고 소도구 담당 디렉터 로빈 밀러와 에카르트 프리즈, 샌디 해밀턴에게 감사한다. 애덤 스톡하우젠, 웨스 앤더슨, 제레미 도슨에게 특별한 고마움을 전한다.

《그랜드 부다페스트 호텔》은 내 인생을 바꾸었다. 이토록 아름다운 영화에 기여할 수 있었다는 사실에 매일 감사함을 느낀다. 또 이 책에서 몇 가지 아트워크를 소개할 수 있어 마음이 설렌다. 또한 풋내기 영화학교 졸업생이던 나를 영화 제작에 첫발을 내딛게 해 준 프로덕션 디자이너 톰 콘로이에게 감사하고 싶다. 소품에 대해 매우 많은 것을 가르쳐 준 재기 넘치는 필러 발렌시아가, 세부 요소를 보는 눈을 길러 준 세트 데코레이터 크리스피언 샐리스에게 감사한다.

《그랜드 부다페스트 호텔》 디자이너의 영화 & 드라마 소품 디자인

애니 앳킨스 컬렉션

2020년 5월 11일 초판 1쇄 발행
2020년 8월 24일 초판 2쇄 발행

지은이 | 애니 앳킨스
옮긴이 | 이미숙
발행인 | 윤호권, 박헌용

책임편집 | 이경주
마케팅 | 조용호, 정재영, 이재성, 임슬기, 문무현, 서영광, 이영섭, 박보영

발행처 ㈜시공사
출판등록 1989년 5월 10일(제3-248호)

주소 | 서울시 서초구 사임당로 82 (우편번호 06641)
전화 | 편집(02)2046-2844 · 마케팅(02)2046-2881
팩스 | 편집·마케팅(02)585-1755
홈페이지 www.sigongart.com

ISBN 978-89-527-5644-2 03680

이 도서의 국립중앙도서관 출판예정도서목록(CIP)은 서지정보유통지원시스템 홈
페이지(http://seoji.nl.go.kr)와 국가자료종합목록시스템(http://www.nl.go.
kr/kolisnet)에서 이용하실 수 있습니다. (CIP제어번호 : CIP2020005593)

This book wouldn't have been possible
without the people who helped make it.

Date	Name
Jan 30 '18	Flavia Ballarin
JAN 31 '18	GREGORY CULLEY
FEB 1 '18	Karen Fenny
Feb 25 '18	Mairead Lambert
MAR 13 '18	Jules Gawlik
Apr 20 '18	Laurine Cornuéjols
May 17 '18	Lucie Wolfe
May 21 '18	Lucy McCullough
Jun 9 '18	AILSA WILLIAMS
Jul 22 '18	Mabel Gilliway
Aug 5 '18	flora fricker
Aug 10 '18	Rachael McCabe
Aug 11 '18	Megan Jones
Nov 27 '18	Katy Galvin
JAN 26 '19	Rose Montgomery
MAR 13 '19	Ivan Gregan
JUN 11 19	Luis Calvário
JUL 7 19	Samuel Tomé
JUL 17 19	JOEL PROUDFOOT